北京市中小学科技活动教材
新科学探索丛书／神秘的宇宙

众神的家园

—— 太阳系内的天体探索

ZHONGSHENDEJIAYUAN

北 京 市 教 育 委 员 会
北京师范大学科学传播与教育研究中心
组织编写

北京师范大学出版集团
北京师范大学出版社

U0657265

图书在版编目（CIP）数据

众神的家园：太阳系内的天体探索／吴志伟主编.—北京：
北京师范大学出版社，2009.8
（新科学探索丛书／李亦菲，崔向红主编）
ISBN 978-7-303-10356-0

Ⅰ.众… Ⅱ.吴… Ⅲ.太阳系－青少年读物 Ⅳ.P18-49

中国版本图书馆CIP数据核字（2009）第117403号

北 京 市 教 育 委 员 会　　组织编写
北京师范大学科学传播与教育研究中心

出版发行：北京师范大学出版社 www.bnup.com.cn
　　　　　北京市新街口外大街19号
　　　　　邮政编码：100875
印　　刷：北京市大天乐印刷有限责任公司
经　　销：全国新华书店
开　　本：170 mm×240 mm
印　　张：9.5
字　　数：131 千字
版　　次：2009 年 8 月第 1 版
印　　次：2009 年 11 月第 1 次印刷
定　　价：24.00 元

责任编辑：张佳蕾 马 骋 张才曰　　选题策划：石 雷 张佳蕾
责任校对：李 菡　　　　　　　　　美术设计：红十月
封面设计：红十月　　　　　　　　　责任印制：吴祖义

版权所有 侵权必究

编委会

前言

　　近年来，随着科技教育理念的更新，我国中小学生的科技活动发生了重要的变化。从内容上看，日益从单纯的知识和技能的传授转向对科学方法、科学精神和技术创新能力的关注；从形式上看，日益从传授和训练类活动转向体验和探索类的活动；从途径上看，日益从课内外、校内外相互割裂的状况转向课内外和校内外相结合。这些转变对全面提高我国青少年的科学素养，使他们尽快成长为适应知识社会需要的创新型人才具有重要的意义。然而，以上转变的实现还受到科普和科技教育资源缺乏以及高水平师资力量短缺的制约。在资源方面，我国中小学校的科技活动长期采用"师傅带徒弟"的经验主义模式，缺乏系统的学习内容，也没有规范的教学指导用书和配套的工具器材；在师资力量方面，我国还缺乏一支专业化的科技活动教师队伍，绝大部分科学学科的教师只是关注知识的传授和训练，忽视科学方法和技术创造能力的培养。

　　值得欣慰的是，在一些办学条件较好和办学理念先进的学校中，在以科技教育为重点的校外科技教育机构中，活跃着一批长期致力于组织和指导学生开展科技活动的科技辅导教师。他们是特定科技项目的"发烧友"，每个人都有令人叹服的独门绝活；他们是学生科技活动的"引路人"，每个人都有技艺超群的得意门生。为了更好地发挥这些科技辅导教师的作用，北京师范大学科学传播与教育研究中心和北京市教育委员会体育美育处在科技教育新理念的指导下，组织北京市校外教育单位和中小学长期从事科技活动辅导的优秀教师、相关领域的科学家、工程师和工艺师等，对当前中小学校开展的各种科技活动项目进行了细致的分析和梳理，编写了这套《新科学探索丛书》。

　　这是一套适用于中小学生开展科技活动的新型科普图书，包括神秘的宇宙、航天圆梦、地球探秘、奇妙的生物、电子控制技术、创新设计、生活万花筒、模型总动员等8个系列，每个系列将推出5～10个分册。每个分册约包含12～20个课题，可用于一个学期的中小学科技活动选修课教学。为满足科技活动课教学的需要，每个课题都以教学设计的形式编写，包括引言、阅读与思考、实践与思考、检测与评估、资料与信息五个组成部分。

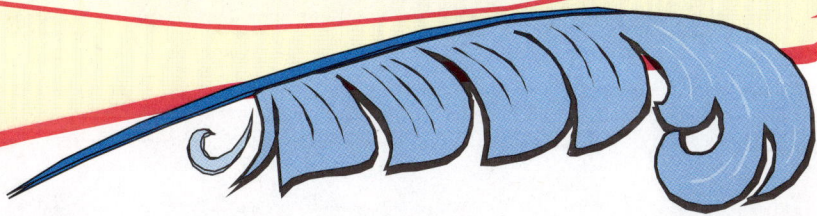

前言

1. 引言

提供一幅反映本课题内容的图片，并从能激发学生兴趣的实物、现象或事件出发，引出本课题的学习内容和具体任务。

2. 阅读与思考

以图文并茂的方式，提供与本课题有关的事件及相关人物、重要现象、基本概念、基本原理等内容，在确保科学性的前提下力求做到语言生动、通俗易懂。为了引导学生在阅读过程中积极思考，通常结合阅读内容设置一些思考性问题。

3. 实践与思考

提供若干个活动方案，指导学生独立或在教师指导下开展各种实践活动，主要包括科学探究、社会调查、设计制作、多元表达（言语、绘画、音乐、模型等）、角色扮演等类型的活动。活动方案一般包括任务、材料与工具、过程与方法、实施建议等组成部分。为了引导学生在活动过程中积极思考，通常结合活动过程设置一些思考性的问题。

4. 检测与评估

一方面，利用名词解释、选择题、简答题、计算题等试题类型，对学生学习本课题知识性内容的结果进行检测。另一方面，对学生在"实践与思考"部分开展的活动提供评估标准和评估建议。

5. 资料与信息

一方面，提供可供学生阅读的书籍、杂志、网站等资料的索引；另一方面，提供购买或获得在"实践与思考"部分开展的活动所需的材料和工具的信息。

虽然这套教材的编写既有基于理论指导的宏观策划与构思，又有源于实践积淀的微观设计与操作，但由于编写规模庞大、参与编写的人员众多，呈现在广大读者面前的各个分册出现不能令人满意的情况是难免的。在此真诚地希望使用本套丛书的教师和学生能对各个分册中出现的问题提出批评，也欢迎从事科技活动的优秀教师参与到本套丛书的编写和修改中来，让我们共同为提高我国中小学科技活动的水平，提高我国中小学生的科学素养做出贡献。

李亦菲

2007 年 6 月 30 日

加强青少年科技教育是中小学的一项重要任务，积极开展青少年科技活动是对青少年进行科技教育的有效方法和重要途径。

随着基础教育课程改革的深入，许多学校开设了以研究性学习为主体的综合实践活动课程。新的课程体系为中小学生开展科技活动提供了必要的时间和广阔的空间。

科技活动是一项知识性、实践性和操作性都很强的教育活动。如何在科技活动中培养青少年的科学态度和科学精神，保证科技活动的科学性和规范性是教育工作者面临的重要课题。为此，北京市教育委员会体育美育处与北京师范大学科学传播与教育研究中心在联合开展课题研究的基础上，组织北京市 100 多所科技教育示范学校和校外教育机构的优秀科技教师，用 3 年时间研发了一套中小学科技活动教材——《新科学探索丛书》。

《新科学探索丛书》在编撰过程中，努力在"三个有机结合"上下工夫：首先，着力实现知识学习与动手操作的有机结合。在本套丛书的每个单元中，"阅读与思考"部分提供了图文并茂的阅读材料，使学生了解有关知识；"实践与思考"部分提供了简明实用的科技活动方案，以引导学生有序地开展科技活动。

其次，着力实现课（校）内学习与课（校）外拓展的有机结合。在知识性学习内容中，"阅读与思考"部分主要适合于课内讲解或阅读，"资料与信息"部分则主要适合于学生在课外阅读；在"实践与思考"部分所提供的活动方案中，既有适合于课（校）内完成的，也有适合于课（校）外完成的；在"检测与评估"内容中，检测部分主要适合于在课内进行测试，评估部分主要适合于在课外进行评估。

第三，着力实现科学学习和艺术欣赏的有机结合。本套丛书采用了图文并茂的写作风格，对文字和图片的数量进行了合理的调配，对图片进行精心的挑选，对版面进行细致的设计，使丛书的亲和力和感染力大为提高。

相信本套图书对丰富中小学生科普知识，提高中小学生的动手实践能力将大有裨益。愿本套图书成为广大中小学生的良师益友。◀

郑萼

2009 年 7 月

美丽的行星天使在九天遨游，许多彗星小野马却到处瞎跑，它们均承受着太阳的光辉，并和太阳一起建立起神的家园。作为下界众生，我们无时无刻不被它们的神秘所吸引，我们只有通过探索众神的家园，才能真正理解人们生存的真谛。

本书通过软件、手工制作、数码拍摄、诗歌、目视观测、理论计算、光学分析、戏剧等多方位手段，让太阳系内天体们的形象一一展现在我们的面前。

参与本书编写的是星赞科技文化有限责任公司所组织的"星赞天文编写组"，其成员均来自著名学校的一线优秀天文教师、一线的天文普及与研究人员。他们的工作是出色的，在此表示由衷的谢意！

为了使本书内容更丰富、形式更活泼，书中采用了一些珍贵的图片，由于种种原因，我们没能与部分图片的著作权人及时联系上，恳请各位见书后能与我们联系，我们将依照国家的有关规定及时付酬。在此也特别感谢各位对我们的理解和支持！

目录

第一单元　　该娅的兄弟们　　　　01

第二单元　　天上宫阙　　　　　　12

第三单元　　天犬食月　　　　　　23

第四单元　　月掩星辉　　　　　　31

第五单元　　观星利器　　　　　　40

第六单元　　火红的威慑　　　　　59

第七单元　　人造天使　　　　　　71

第八单元　　青天坠长星　　　　　79

第九单元　　天外来客　　　　　　92

第十单元　　松散的光芒　　　　　103

第十一单元　精灵闪烁　　　　　　119

第十二单元　失落的王位　　　　　131

该娅的兄弟们 1

天上星辰，东升西落，周而复始。金木水火土，行于星空，自古以来，称行星。有时在参，有时在商。今人了解，太阳家族，八大兄弟，各有所属，各式不同。行于黄道，或缓或急，明暗有变，甚是有趣。

阅读与思考

一、认识行星

在希腊神话中，该娅（Gaea）是大地之神，在所有神灵中，她是最德高望重的。该娅是最早出现的神，她是由卡厄斯（Chaos）所生。其他所有天神都是该娅的子孙后代。该娅是宙斯（Zeus）祖母，她生了天神乌拉诺斯（Uranus），并与乌拉诺斯生了十二提坦巨神、三个独眼巨人和三个百臂巨神。其中包括河流之神俄刻阿诺斯（Oceanus）和海洋女神特提斯（Tethys）。

神话毕竟是神话。现在我们都知道，天地并非神人开创，而是宇宙经过漫长的时期自然形成的。宇宙诞生于约137亿年前，太阳诞生于约50亿年前，而地球诞生于太阳诞生之后不久，时间大约是46亿年前。

人们在发明望远镜之前，无法知道遥远的行星是什么样子，也不知道一些行星的周围有着卫星和光环。

不过，我们的祖先很久以前就已经注意到了水星、金星、火星、木星和土星这五颗星。人们发现，它们与星空中的其他星星不同，肉眼可见，且比大部分恒星都要明亮，它们漫步在群星之中，好似自由自在的悠闲行者，那么的引人注目。因此，不管是古代中国人，还是古希腊人、古罗马人，都注意到了它们的存在，并赋予了它们不同的身份。也正因为如此，人们称它们为"行星"。

按照2006年国际天文联合会通过的太阳系行星的定义，太阳系共有八颗行星，它们是：水星、金星、地球、火星、木星、土星、天王星和海王星，尽管它们的外表看起来有许多的不同，但它们也有着许多共同的特征，它们是太阳系家族的同一类成员。因此，我们把另外七大行星称为地球的兄弟们。

地球

地球是太阳系八颗大行星之一，是宇宙中最美丽的星球。湛蓝的海水，蔚蓝的天空，葱郁的大地，勃勃的生机，这些是地球不同于另外七大行星的最显著特征。地球是人类和地球上所有生物赖以生存的家园，生命是地球最不同凡响之处。

二、行星的分类

天文学家根据行星的质量、大小和化学组成成分，将行星分为了两大类：类地行星和类木行星。

类地行星包括水星、金星、地球和火星。它们的共同特征是体积和质量较小，平均密度较大，主要成分为较重的铁、铝、硅等。类地行星都与地球一样，有着坚硬的固体岩石表面，它们有的有一两个卫星，有的则没有卫星。

水星

水星看起来更像月球，其表面布满了大大小小的陨击坑。

金星的表面包裹着浓密的大气，这让我们很难看到它的真面目。

火星是与地球最相像的行星，在它的南北两极，会季节性地出现白色的极冠。所以，人们常常会幻想，火星上有生命存在。

金星

火星

木星

类木行星包括木星、土星、天王星和海王星。它们的体积巨大，但平均密度较小，表面为气态，且都有光环，卫星的数量也非常多。

木星表面为气态，变幻莫测。

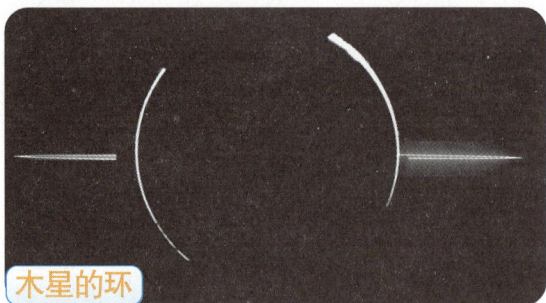
木星的环

除月球之外，木星的四个伽利略卫星是人们最先发现的卫星。1610年，伽利略用望远镜观察木星，发现木星有四颗卫星。随着人类探测宇宙的设备的不断发展，近几十年来，不断有新的木星卫星（木卫）被发现，迄今为止，木卫的数量已经超过60个。1979年3月，"旅行者"1号在距离木星500万千米处拍摄了大量近距离的木星图像，从而发现了环绕木星的环。

土星最引人注目的是它那美丽的光环。土星光环是伽利略发现的。1675年，法国天文学家卡西尼发现土星环并不连续，环中间有一条暗缝，这就是土星环的"卡西尼缝"。之后，人们又发现了更多的环缝，如"恩克缝""法兰西缝"等。

土星

1979年，空间探测器"先驱者"11号飞临土星上空，1980年8月"旅行者"1号飞临土星上空，它们先后发现了新的土星环，以及更多的环缝。

天王星距离我们较远，通常比较暗，肉眼勉强可见，所以，一直没能引起人们的注意。但是，早在1690年，就有人观测到了它，但人们一直误以为它是一颗恒星。直到1781年，英国天文学家威廉·赫歇尔根据前人的观测记录和自己的观测结果，计算出它的轨道，它才被确认为行星。

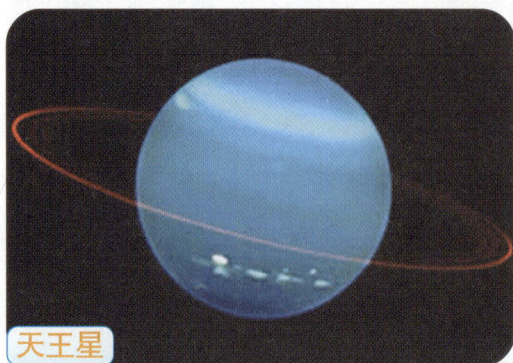
天王星

天王星的发现，不仅将太阳系的半径扩大了3倍，还促进了人类对太阳系认识的大发展。

天文学家们通过观察，发现天王星的运行总是有些偏离计算出的轨道。1845年，英国的亚当斯首先提出了在天王星的外面还应该有一颗大行星的推断，并计算出了这颗大行星的轨道和质量，以及估计的亮度。1846年，法国天文学家勒威耶将自己推算的未知行星的方位和亮度函告柏林天文台，德国天文学家伽勒通过观测果然在其推算的位置附近找到了这颗亮度约为8等的新行星，并将其命名为海王星。

海王星被发现以后，人们注意到其运行也不正常，因此推测在它的外面还有大行星。1930年，经过长期艰苦的探索，这颗遥远的行星终于现身了，它就是冥王星。然而，当人们计算出冥王星的质量后，不禁对它产生了怀疑，它的质量太小了，不足以对天王星和海王星产生如此大的影响，这就是人们还在不断寻找并发现了更多柯依伯带天体的缘由。

海王星

如果以地球轨道为界，可以将行星划分为内行星和外行星。地球轨道以内的两颗行星是内行星，以外的五颗行星是外行星。

三、行星的运动

太阳系的所有行星都和地球一样环绕着太阳进行公转，同时还进行自转运动。行星的公转运动有许多共同的特征。

所有行星的运动轨道都有"近圆性、同向性、共面性"三个共同的特征。

近圆性：八大行星的公转轨道都不是正圆，而是近似圆的椭圆。

同向性：八大行星公转的方向都是自西向东。

共面性：八大行星的公转轨道都在黄道面附近。

思考1：我们生活的地区，是冬天离太阳近，还是夏天离太阳近？地球上的什么地方夏天离太阳近？

太阳系中所有的大行星都以同样的方向围绕着太阳公转，但是，每颗行星公转的速度各不相同，这就带来了行星的会合周期这一概念，也就是两颗行星公转相遇后再一次相遇所需要的时间。

行星与地球的会合周期对于我们观测它们非常重要。

地球与内行星会合周期的计算公式：

$$1/S_内=1/P_内-1/E$$

地球与外行星会合周期的计算公式：

$$1/S_外=1/E-1/P_外$$

S为会合周期，E为地球公转周期，P为行星公转周期。

开普勒定律

（1）行星绕太阳运行的轨道都是椭圆，太阳位于椭圆的一个焦点上。

这一定律决定了所有行星在轨道上都有一个近日点和一个远日点。

目前，地球的近日点大约在1月2日前后，远日点大约在7月5日前后。

（2）行星与太阳的连线在单位时间里扫过的面积相等。

这一定律说明了行星公转的角速度在近日点和远日点附近有差异，在近日点附近快些，在远日点附近慢些。

（3）任意两个行星的公转周期的平方与其轨道半长径的立方的比值都相等。

这一定律表明了距离太阳越远的行星，其公转的周期越长。

思考2：请查找行星公转周期的资料，并分别计算地球与水星、金星、火星、木星和土星的会合周期。这些行星与地球会合周期的长短有什么规律吗？

实践与思考

活动 ❶ 目视观测行星

活动步骤

步骤一：观测行星的视运动

在地球上观测到的行星在星空中的移动称为行星的视运动。

行星的视运动是由于行星与地球公转速度的不同而产生的。由于行星的运行是有规律的，行星的视运动也有一定的规律。要了解行星视运动的规律，首先要了解其公转特点。

在地球上观测，内行星和外行星的视运动有明显的不同，因为内行星比地球公转速度快，外行星比地球公转速度慢。因此，内行星的视运动是行星在环绕太阳公转时追赶地球的体现，外行星的视运动则是地球追赶行星的体现。

由于地球和其他行星的公转都近似于圆周运动，其相对位置的不同会导致视运动的方向发生变化，即行星的顺行和逆行。

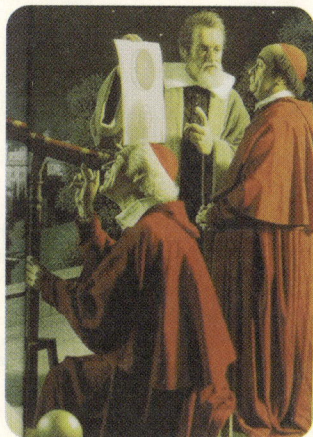

顺行是指行星在天球上向东运动；逆行则指向西运动；顺行和逆行之间

一段几乎不运动的时间称为留。

当地球和行星在太阳的同一侧时，内行星顺行，外行星逆行；当地球和行星在太阳的两侧时，内行星逆行，外行星顺行。

视运动是行星观测的主要内容之一。此外，行星的几个特殊位置是观测的重点。

步骤二：观测内行星的特殊位置

合： 指的是行星合日，即行星黄经与太阳相等的时刻。内行星在每一个会合周期中有两个合，即上合、下合。

凌日： 下合时若内行星与太阳的黄纬差值小于15′，就会出现凌日现象。

大距： 指地球观测者看到内行星与太阳角距最大的时刻，有东大距和西大距之分。

步骤三：观测外行星的特殊位置

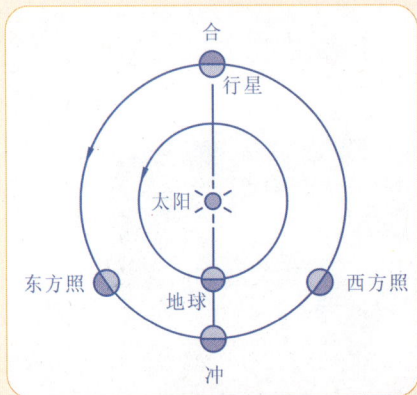

合： 外行星在每一个会合周期中只有一个合。

无论是外行星，还是内行星，其合前后都是最不适合观测它们的时期。

活动步骤

冲（大冲）：冲前后是外行星与地球距离最近的时期，且整夜可见，最有利于观测。对于距离地球较近的外行星，特别是火星，冲分为小冲和大冲。

方照：指外行星与太阳黄经相差90°的位置，分为东方照和西方照。

根据大行星的会合周期，我们可以推算出它们的位置。如我们知道本次水星的东大距的时间，便可以推算出大约116日后，是它的下一次东大距。

不过，由于地球和其他大行星的运行轨道都是椭圆的，它们在轨道上运行的速度并不均匀，所以这种推算并不十分准确，左右会有几天的误差。

思考3： 为什么金星凌日比水星凌日更加难得一见？

活动 ② 用望远镜寻找和观察行星

活动准备

望远镜、手电筒。

活动步骤

❶ 准备：安装和调试望远镜。

❷ 寻找行星：在日落之后，行星出现时，便可以开始寻找。若金星为昏星，当其与太阳的角距超过25°时，一般在天还很亮时就可找到它。

❸ 观察行星：找到行星，将行星置于视场中心后，换上高倍目镜，观察行星的细节。

活动提示

内行星有着与月球类似的位相变化；红色的火星及其极冠会发生明显的变化；木星表面有云带和大红斑，用低倍目镜可以很容易地观测到木星的伽利略卫星；草帽形的土星及其光环在一般天文望远镜中都明显可见。

检测与评估

❶ 请绘图说明行星的顺行和逆行。

❷ 用望远镜观测木星，绘出木星伽利略卫星的位置，与《天文普及年历》给出的位置进行比较，看看你的观测是否有差距。

资料与信息

❶ C. 弗拉马里翁（法）. 大众天文学［M］. 桂林：广西师范大学出版社，2003.
❷ 卡尔·萨根（美）. 宇宙［M］. 北京：海洋出版社，1989.

提示与答案

阅读与思考

思考1：由于地球在1月初位于近日点，7月初位于远日点，而北半球1月是冬季，7月是夏季，所以北半球冬季离太阳最近，夏季离太阳最远。而南半球则正好相反，1月是夏季，7月是冬季，所以，南半球夏天离太阳近。

思考2：行星与地球的公转周期相差越小，会合周期越长。因为会合周期是行星在公转中相互追赶的过程，公转周期相差越小，其会合就需要越多的时间。

实践与思考

思考3：因为金星的会合周期是水星会合周期的5倍，也就是说，水星有5次下合，金星才会出现一次下合。因此，金星在下合时遇到在黄道附近的机会就少得多。因此金星凌日比水星凌日更加难得一见。

检测与评估

① 略。

② 略。

2 天上宫阙
TIANSHANGGONGQUE

她傲视群星，与云为伴：她是夜空中最美丽的。她有时如盘，有时如钩；她能勾起我们无穷的幻想。从古老的神话，到诗辞歌赋，她常被描绘为天上的宫阙。

阅读与思考

一、月球概貌

月球是地球的天然卫星。除太阳外，月球是我们能看到的最明亮的天体，也是距离地球最近的自然天体。自古以来，有关月球的诗歌散文数不胜数。从许多吟咏月球的著名篇章中，不难看出人们对月球的关注和喜爱。

月球对地球的影响很明显，如月相的变化会影响地球上海水的涨落等。在人类历史早期，古人正是根据月相的变化制定了历法。

月球表面的大气非常稀薄，小天体的撞击使月球产生了无数月坑——环形山。月球表面布满了大大小小的月坑，还有一些大的平原和山脉。在地球上，我们用肉眼就可以看到月球表面有一些比较暗的部位，那就是月球上低平的地方——平原，人们通常称之为"月海"。

思考1：月海里有水吗？

二、月球的运动

和所有天体一样，月球也在不断运动着。月球的运动包括自转和公转。有趣的是，月球自转和公转的方向和周期完全一致，其自转和公转均是自西向东转，周期都是27.32日。这使得我们在地球上只能看到月球的一半。和所有行星围绕太阳运行的轨道一样，月球公转的轨道也是一个椭圆。

月球的自转导致了月球上的昼夜变化。月球上的一昼夜约为29.53日，由于没有大气保温，月球表面的温度变化非常剧烈，最高温度为127℃，最低温度为－183℃。

思考2：月球自转的周期是27.32日，可为什么月球上的一昼夜不是27.32日，而是29.53日？

月地平均距离为384 400千米（近地点363 300千米，远地点405 500千米）。

由于月球的公转轨道为椭圆轨道，月球运行在轨道的不同位置时，我们看到的月面大小是不同的。月球的最大视直径为33′31″，最小视直径为29′22″。

近地点（左）和远地点（右）时的月球

思考3：在月球上看，太阳每29天多升起和落下一次，那么月球上看地球又是怎样的情景呢？

月球的公转使我们知道，月球在星空中的位置在不断改变，月球的形态也在不断发生变化，有时是圆圆的，有时只有半个月亮，有时又是弯弯的小月牙，这就是月相的变化。

月相变化是怎么形成的？

在太阳系中，大部分天体本身都是不发光的，月球也是一样，我们看到月球明亮的部分是它被太阳照亮的部分。

同地球一样，月球总有一半区域被太阳照亮，当这一半正对着地球时，我们就会看到圆圆的满月；当月球被照亮的部分侧对着地球时，我们就看到半个明亮的月亮——弦月；如果月球只有很少的亮的部分朝着地球，就是一个弯弯的月牙儿。

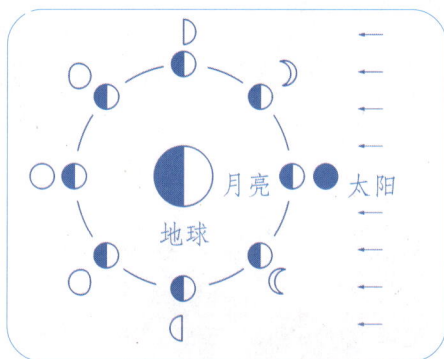

实践与思考

活动 1 追寻月球的踪迹

活动准备

钟表、指北针、星图。

❶ 观测月出与月没

观测并记录月球出没的时刻、方位。

通过观测，比较月出、月没与日出、日落的时刻和方位逐日变化的情况。

❷ 观测月球在星空中的运行

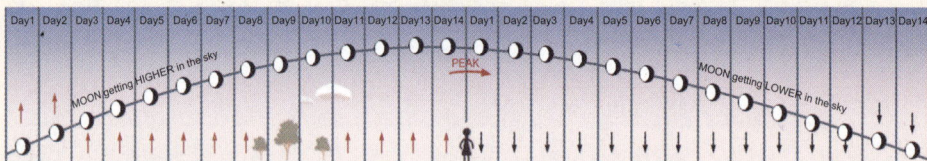

每隔1小时做一次观测，看看月球在星空中移动了多少度。

每日做一次观测，看看月球在星空中移动了多少度。

持续做观测，可以得出月球围绕地球运行的轨道在天球上的投影——白道。

❸ 观测月相

❹ 得出月相与其出没时间的关系

一般，初三开始便可以看到月亮。我们可以从这一天开始观测，看看月相与其出没时间有什么样的关系。

活动 2 天文望远镜中看月球与 LTP 的观测

活动任务

都市生活节奏快、到处充斥着光害，我们已经少有闲情在自家的庭院楼台中去进行有意义的观测了。只有远离喧闹的城市，到无光害的野外去追踪拍摄壮美迷人的深空天体，才是真正的观测。其实，在城市中，也能领略天体的壮美与神秘。这就是人类最先开始观测的天体——月球。

活动步骤

❶ 简易月面观测

人们在刚开始观测月面时，通常会感到无从下手。但经过一段时间的摸索，我们就会发现，运用月面描绘的手段，我们能够迅速地了解月面月貌，能够迅速提高发现瞬变现象的能力。所以，月面描绘是月球瞬变观测最基本的观测技能，同时也是通往瞬变这一神秘领域的大门。

❷ 手描月面细节

月面描绘主要是指人们通过天文望远镜观测，把所看到的月面细节用手描绘在白纸上的观测方式。所使用的装置，首先是天文望远镜，折射式

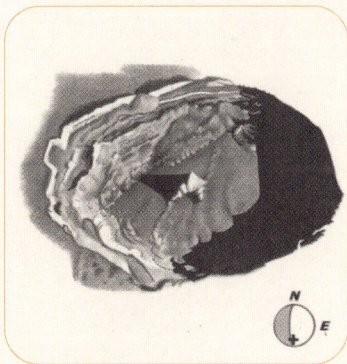

活动步骤

（消色差物镜）应选用口径Φ60 mm以上的F10~F15之间，反射式应选用口径Φ100 mm以上的F5~F10之间。这些望远镜最好带有赤道自动跟踪装置，这样能给观测带来便利。在望远镜支架上的适当位置应安装一块与目镜光轴方向垂直的描绘板，上面夹有描绘用白纸，便于夜晚描绘。

描绘开始时，通常需要先做一次"月相标识描绘"，选好一个观测目镜，用它把望远镜的放大率控制在40~80×之间。此时，在望远镜视场中，我们可以看到像质良好的整个月相。然后，用绘板架上的调节槽把描绘板调到适当的位置（这时，由于人眼的错觉，我们可以看到白纸上"投影"有月球的虚像，而且此虚像正好充满白纸所画的圆圈，圆圈直径为90毫米）。最后，将按此虚像所显示出的明暗分界线用H铅笔轻轻描绘出来，只需修正多次即可描绘得非常准确。需要说明的是，不带赤道跟踪装置的望远镜，描绘时会麻烦一些。完成"标识"后，从明暗分界线着手，自北向南依次进行月面地形的描绘。当描到最南端后，自内向外按照自定的描绘宽度（可大可小），以南北首尾往返描绘的方式将图绘完。一般来讲，这种描绘在时间上是不受限制的。当描完以后，我们应立即与已有的月面详图进行对照，以确认所绘月面地形的名称。最后，认真填写好有关图表，以备后用。

以上所述的描绘，在月面描绘观测中属于普通描绘阶段，但它基本满足了月面瞬变观测的需求。如果想进一步提高自己的描绘技能，加深对月面的了解，月面地形局部描绘的训练是必不可少的。

月面详图

活动步骤

月面普通描绘表格

编号		观测者		月相（农历）		
观测日期						
观测开始		时 分	结束		时 分	
观测地点				经度	纬度	
望远镜口径	D	mm （反 折 折反 ）				
	F	mm	目镜	mm（ 倍）		
滤色片	有		无		种类	
宁静度	（1~5）		清晰度		（1~9）	
天气状况				温度		
观测记述						

活动提示

用小望远镜观测月面且倍率在50~100时，观测比较理想，月面阴暗分界处应重点观测。

思考4：在望远镜中看月球表面形态，满月、弦月、新月几者之间有什么明显差异？

活动步骤

❸ LTP（月球瞬变）观测

如果你经过连续数月的"月面观测"训练，一定已经熟悉了很多月面地形及其名称，这时你便有能力开展瞬变目视观测了。开展观测所用的装置，大部分与"月面观测"中所用的装置一样。不同之处，一是把描绘板

活动步骤

上的白纸换成月面详图，以用于测量瞬变的大小及位置。为了增加发现瞬变的机率，选择良好的观测方法是必须的。

寻找、发现瞬变的一种常用方法是"月面视场变倍巡视法"。此法比较简单，即在巡视月面的过程中，不断变换倍率的高低，以影响月面可观测视场的大小，从而对比得出同一巡视地区的不同之处，并及时判断出一些易被忽视细节的明暗程度。在观测时，大家可把所观察的区域"放置"在目镜视场边缘，这样会大大提高我们的视觉分辨能力。

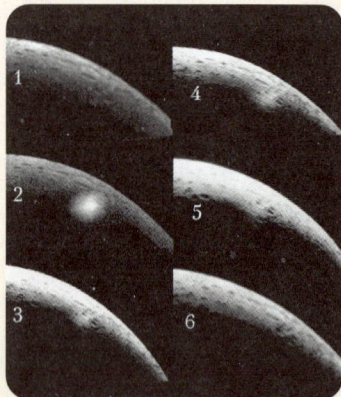

当有所发现时，千万不要忙乱。首先记下发现的时间（精确到秒），然后尽快确定瞬变的位置及其大小。其瞬变的位置不用测，已"入门"的观测者一眼就可以看出并标在详图上，而其大小，可通过"局部描绘"测定出来。

活动 3 拍摄月球的周日视运动

活动准备

❶ 设备：数码照相机、三脚架、快门线。

❷ 场地：视野比较开阔的场地，地面上有一些标志物可作为前景，地面有一定的光照。

活动步骤

前半月适合拍摄月没，满月之后则适合拍摄月出。

每天月出月没的时间和方位都是有变化的，可以查阅《天文普及年历》或使用Skymap、Starry Night等星空软件，了解月球出没的时间和方位，制订拍摄计划。

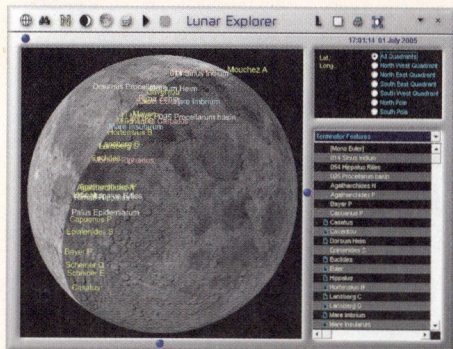

以拍摄月出为例，在月出之前，选择可见到月出的位置，固定好照相机、快门线。将月出的位置放在画面左下方（拍摄月没则应置于画面左上方）。

当月亮升起时，开始拍摄。之后，每隔5~10分钟拍摄一张照片（间隔可自由确定，但要必须固定）。调好月面成像的焦点，把握曝光量（不同月相，曝光的时间差异很大）。

检测与评估

❶ 根据下面给出的月球数据，请用数学计算的方法比较月球和地球的大小。

月球直径：3 476千米　　地球直径：12 742 千米

月球质量：7.35×10^{22}千克　　地球质量：5.976×10^{24}千克

地球的直径大约是月球的_____倍，

地球的质量大约是月球的_____倍。

❷ 同一个物体在月球上的重力约为在地球上的16%，如果一个人在地球上能举起 50 kg 的重物，那么，他在月球上能举起多重的物体？

❸ 描述一般情况下出现 LTP 的原因和案例。

④用望远镜观测月球表面形态。

⑤用普通照相机拍摄月球照片。

资料与信息

祝平，章朝云. 青少年天文实验［M］. 北京：北京科学技术出版社，1987.

提示与答案

阅读与思考

思考1：略。

思考2：略。

思考3：略。

实践与思考

思考4：略。

检测与评估

❶ 3.7　81.3

❷ 理论上讲，在地球上能举起50千克重物的人，在月球上应该能举起312.5千克的重物。

❸ 略。

❹ 略。

❺ 略。

天犬食月
TIANQUANSHIYUE
3

你让精灵的月光在森林中飘荡，随后却指挥命运的狼群追赶它。如果有一天它们将月光吞食，那么我们在夜晚将向谁诉说？

吃？口……

阅读与思考

一、"神秘"的月食

很久以前,人类就开始注意月食了。公元前2283年,美索不达米亚人就开始记录月食。

公元前14世纪,殷朝甲骨文(出土于河南安阳)中就有了日食和月食的常规记录,还有世界上最古老的日珥记录。

《诗经·小雅》中有一首"十月之交",据专家考证,记载的是公元前776年8月21日的月食和9月6日的日食。这是世界上最早的可靠的日食记事,也是古人对日月食态度的典型代表。

古代,人们不懂得月食发生的科学道理,像害怕日食一样,对月食也心怀恐惧。

十月之交,朔日辛卯。日有食之,亦孔之丑。彼月而微,此日而微;今此下民,亦孔之哀。

日月告凶,不用其行。四国无政,不用其良。彼月而食,则维其常;此日而食,于何不臧。

16世纪初,哥伦布航海到达南美洲,与当地的土著人发生了冲突。哥伦布和他的水手被困,断粮断水,情况十分危急。懂得一些天文知识的哥伦布知道当天晚上将发生月全食,就向土著人大喊"再不拿食物来,就不给你们月光!"到了晚上,哥伦布的话应验了,月光消失了。土著人见状十分害怕,赶快和哥伦布和解了。

月球自身并不发光，我们看到的明亮的月面是它反射的太阳光。当月球运行到地球的背后，它就会被地球的阴影遮挡，这就是月食。

二、月食的类型

在地球上看，当月球运行到与太阳正相对的位置，即两者黄经相差180°的位置时，才有可能进入地球的影子。

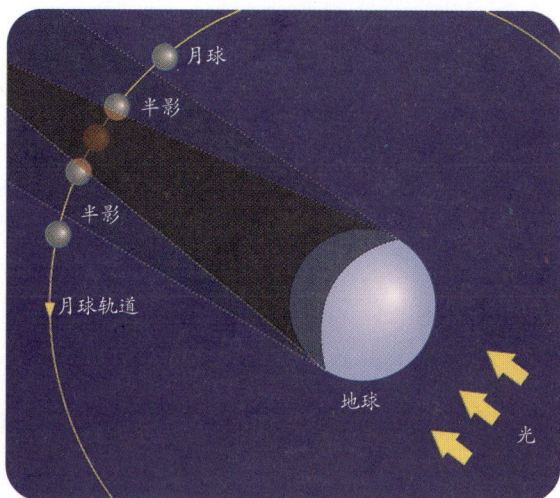

月球环绕地球运行的轨道称为"白道"。每一个太阴月，月球都会有一次与太阳黄经相差180°的时刻，但是，由于白道与黄道有一个5°9′的夹角，所以并不是每个太阴月都会发生月食，只有此时的月球正好位于在黄白交点附近时，才可能发生月食。

月食包括月全食，月偏食以及半影月食三种类型。

地球的阴影有本影和半影。当月球进入地球的半影时，出现半影月食。

当地球本影遮住月球的一部分时，出现月偏食。

当月球全部进入地球本影时，出现月全食。

月全食时，月面并不是全黑，而是呈现铜红色。这是因为地球大气层对太阳光的折射使得少量的光照射到月球上。

半影月食时，月球的亮度减弱得极少，肉眼不易察觉到变化，难以观测。

思考1：月食时的月相是什么样的？

三、月食的食限

月球望时与黄白交点的黄经差就是月食的食限。

公元237年，中国古时的魏国人杨伟就发现了日月食发生的食限。

月食类型	月全食	月偏食	半影月食
下　限	4°6′	10°6′	16°12′
上　限	6°0′	11°54′	18°18′

公元前7世纪，巴比伦人发现了日月食循环的沙罗周期（Saros），为6 585.32日［18年11.32日（4个闰年）或18年10.32日（5个闰年）］。

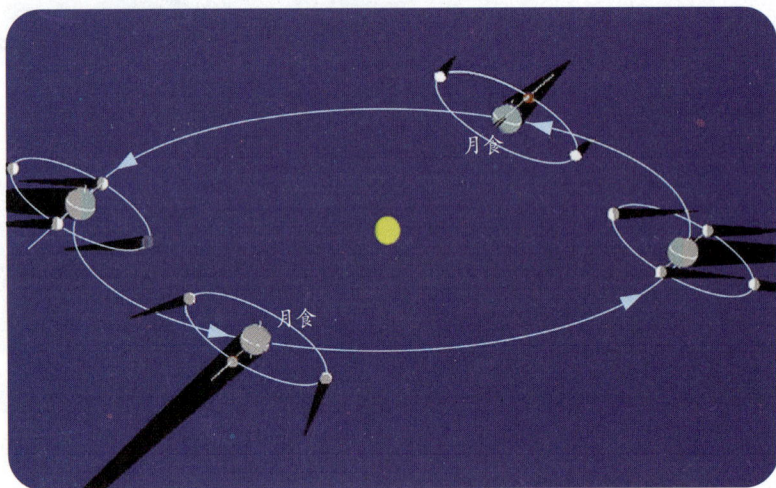

一个沙罗周期中平均有43次日食和28次月食。对全地球而言，如果不算半影月食，一年内最多发生3次月食，有的年份1次也会不发生。

平均而言，一个世纪内，月全食出现的次数为70.4次，占月食全部次数的28.94%；月偏食出现的次数为83.3次，占34.46%；半影月食出现的次数为89.0次，占36.60%。

实践与思考

活动 　观测月食

活动任务

　　月食是月球视运动追赶地球影子的过程，所以，月食从月面的东边开始。

　　在月球轨道处，地球本影的直径约为月球直径的2.5倍。因此，月全食本影食的过程可能较长，最长的全食阶段可达近2个小时，本影食阶段可达近4个小时，半影食阶段则可达6个小时。

　　月全食的过程分为半影食始、初亏、食既、食甚、生光、复圆、半影食终七个阶段。

　　半影食始：月球开始进入地球半影。

　　初亏：月球刚刚接触地球本影。

　　食既：月球的西边缘与地球本影的西边缘内切，月球刚好全部进入地球本影内。

　　食甚：月球的中心与地球本影的中心最近。

　　生光：月球东边缘与地球本影东边缘相内切，全食阶段结束。

　　复圆：月球的西边缘与地球本影东边缘相外切，月食全过程结束。

　　半影食终：月球走出地球半影。

　　月球被食的程度称为食分，本影月食的食分等于月球在食甚时深入地球本影的最远距离与月球视直径之比，月全食等于或大于1，月偏食小于1。半影月食的食分则为月球在食甚时深入地球半影的最远距离与月球视直径之比，一般，大于0.7的半影月食能观测到其亮度有微小变化。

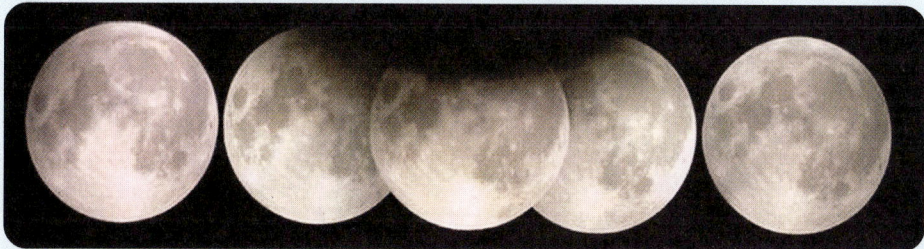

活动步骤

方法一：月食的目视观测

月食时，通常只观测本影食。

可以直接用肉眼观测，也可以借助小望远镜观测。

在观测前应该根据预报制定观测计划，并按照观测计划准备好空白图、记录表和相关用品（铅笔、橡皮、钟表、手电筒等）。

绘图记录月食食相，并填表记录每幅图的绘制时刻。

由于月亮可以直接目测，所以记录较简单，只需记录初亏、食既、生光、复圆的时刻和方位即可。每隔10分钟左右，描绘一张食相图，最后就有一套月食全过程的食相图了。因为月全食从初亏到复圆有几个小时，所以观测时要有耐心。

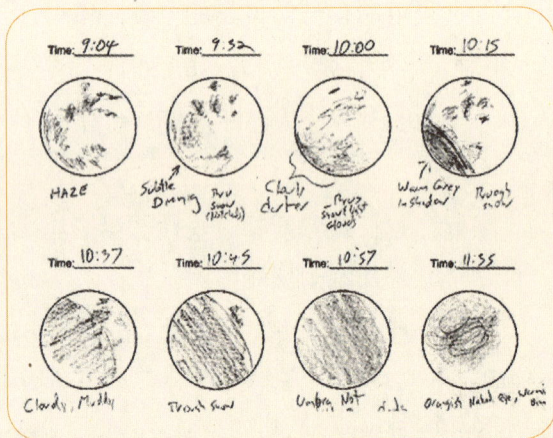

思考2：能否用投影法绘制食相图？

活动步骤

观测月面颜色对于我们了解地球大气有一定价值，一般将月食月面亮度与颜色分5级：

0级：月面很黑，几乎看不到；

1级：月面稍亮，呈黑黄色，月面细节难区分；

2级：月面微亮，呈黑红色或棕黄色；

3级：月面少亮，呈砖红色，能见月面细节，但很模糊；

活动步骤

4级：月面较亮，呈铜红色，可见到大的月面细节。

观察月食时，要对月面的颜色级别作出判断和记录，同时也要记录当地当时的天气状况。

方法二：月食的照相观测

普通照相机可以拍摄带地景的月食像。可重复曝光的照相机拍摄串像比较容易，但拍摄月全食全过程需要运用超广角镜头。200毫米以上焦距的照相机或加望远镜的照相机可以拍摄到月食的特写。

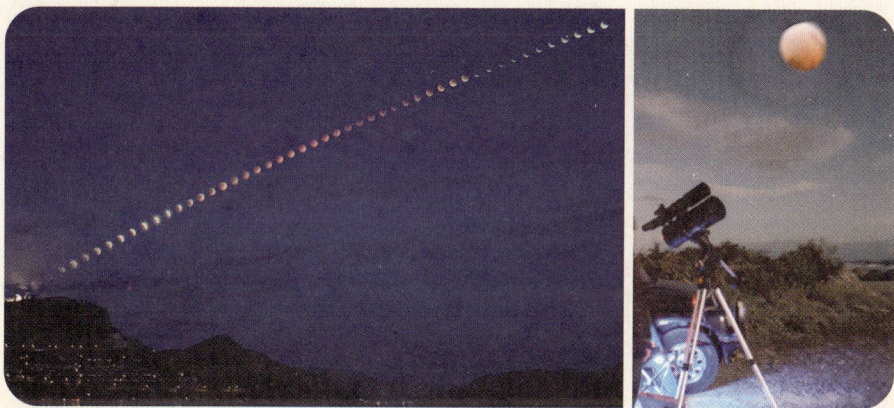

检测与评估

1 观察下图，辨别月面亮度和颜色的级别。

2 如何拍摄"糖葫芦"月食像?

资料与信息

1 中国科协青少部,团中央宣传部. 青少年科技活动全书——天文分册〔M〕. 北京:中国青年出版社,1985.

2 C·弗拉马里翁(法). 大众天文学〔M〕. 桂林:广西师范大学出版社,2003.

提示与答案

阅读与思考

思考1:略。

实践与思考

思考2:略。

检测与评估

1 4级:月面较亮,呈铜红色,可见到大的月面细节。

2 拍摄"糖葫芦"月食像,一般采用连续曝光法,即在同一张底片上拍摄从初亏到复圆的不同食相。难点是使食相在底片对角线的位置确定要准。

月掩星辉
YUEYANXINGHUI
4

当我默察一切活泼的生机时，保持它们的芳菲都不过一瞬，宇宙的舞台搬弄了一些把戏，耀眼的星辉常遭到上天的掩蔽，被机缘或无常的天道所摧折。

阅读与思考

　　自17世纪以来，人们就开始观测一种在短时间内有明显变化的天象——月掩星。月亮在天球上沿着白道自西向东运动，在东移的过程中把恒星或者行星掩蔽起来的现象叫月掩星。

　　最早观测月掩星的是天文学家纽康，他一共做了100多次的月掩星观测。

　　月掩星有两种情况。一种是满月之前，月亮在东移的过程中，亮星消失在月亮阴暗部分的边缘；另一种是满月之后，月亮在东移过程中，亮星消失在月亮明亮部分的边缘。

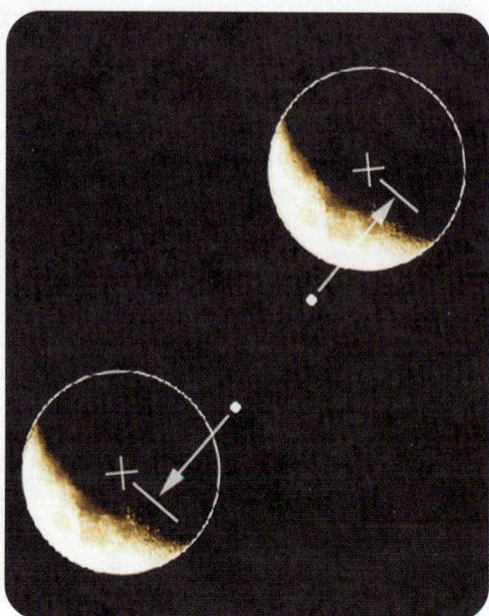

两种情况的月掩星

　　月掩星分为全掩和掠掩两种。掠掩比较罕见。因为月面地势有高低，所以有时会看见恒星被月面上的山分别遮掩而发生多次被掩的现象，这就是掠掩。

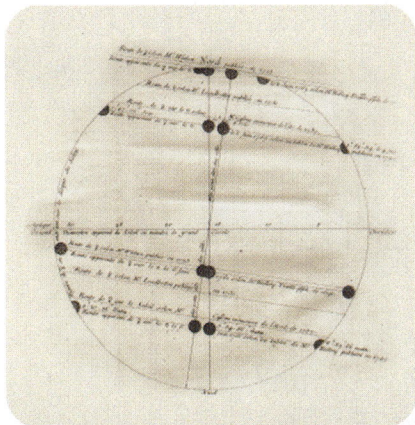

初次进行月掩星观测时，一般选择亮星作观测对象，主要观测掩蔽刚开始的时刻（掩始）和掩蔽刚结束的时刻（掩终）。由于恒星只是一个光点，所以只需记录恒星消失和出现的瞬间时刻即可。待熟练之后，可观测月掩暗星，提高自己的判断能力。观测月掩行星时，由于行星的像不是一个点，而是一个圆面，所以有一个从开始被掩到完全被掩的过程，要分别测出行星开始被掩蔽的时刻和完全被掩蔽的时刻。如果观测双星，则需要分别测出两颗星被掩蔽的时刻。

为了取得较好的观测效果，一般在满月之前对月球暗边缘的月掩星现象（掩始）进行观测，要在满月之后观测月球亮边缘的月掩星现象是很困难的，所以，满月之后应观测亮星在月球暗边缘重新出现的时刻（掩终）。观测时要事先知道亮星在月球暗边缘的哪个方位出现，还要知道其出现的大致时刻。在月掩暗星时，一个人的判断的准确性往往比其反应的速度更加重要。

思考1：这种天文观测的反应能力与年龄和观测经验是否有关？

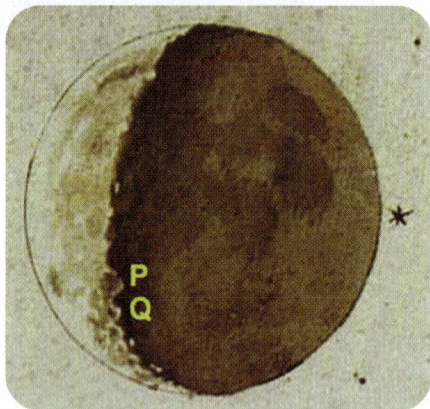

　　如果观测地点和条件适当，在同一地点可观测到一颗恒星在两个月内都发生了月掩星现象。在一次月掩星的观测中，一颗星被掩的时间最长可达1小时54分钟。被掩时间的长短由下列因素决定：

　　①观测地点；

　　②月球的视差大小；

　　③月球视直径的大小；

　　④被掩星体的"相对行进路径"是否接近月球的直径。

 ## 实践与思考

活动　掩星的简易目视观测

活动准备

　　❶计时仪器

　　①收音机：最好有短波（sw）波段，能收听陕西天文台标准时间的频

活动准备

率。用发播台的每秒报时讯号，也可以用中央人民广播电台的整点报时讯号（六响中最后一响）作为调整秒表的时间。

②计时秒表：使用体育比赛用的电子计时秒表（可显示百分之 秒）可以记录掩始和掩终的时间。具体操作方法是：先将秒表对时，按启动钮（让秒表在整点起跳），现象发生时将秒表按停，记下秒表上显示的时间；重新清零（带分段记时的秒表则不必将秒表按停，也不必重新清零，只要按下分段计时钮即可），将报时电台的时间加上秒表上的时间就是掩始的时刻。等掩星结束时，按下秒表，让秒表起跳直到整点时按停，记下秒表显示的时间，将报时电台的时间减去秒表上的时间就是掩终的时刻（带分段计时功能的秒表则不必如此）。

❷ 普通望远镜

口径：越大越好，一般要求折射在5厘米以上，反射在10厘米以上。

倍率：其放大率应在 40~60 倍之间，望远镜无跟踪系统应采用最低倍率。

思考2：月掩行星时，放大率是否应加大？

活动准备

❸ 红色照明手电
❹ 观测资料

①月面图：详细的月面图能协助你确定恒星"进入"月面时的位置。

②地图：详细的地图应可测量出观测地点的地理坐标（需精确至秒），这一点十分重要。

③星图：详细的星图可确定被掩星体的位置。

活动步骤

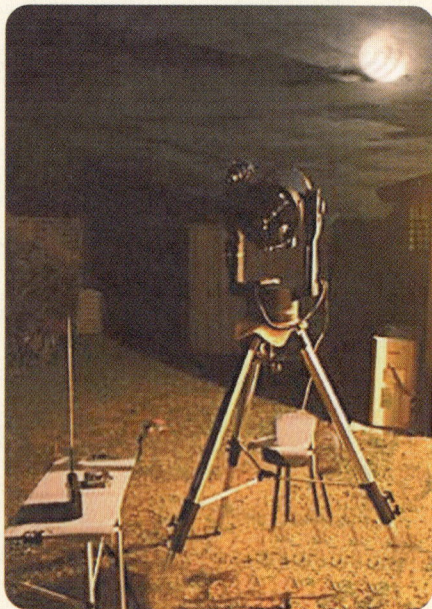

❶ 确定相关资料：确定被掩星通过的路径及时刻，一般均可在《天文普及年历》上找到。

❷ 选择观测地点：一般亮星的掩星现象可在城市中灯光较弱的地区观测，而暗星的掩星现象则必须到城市边缘的乡村中进行观测。

❸ 在观测时利用收音机对秒表进行校对，并以此时间观测计时。

实例：

在21时00分对时，按下秒表，掩始时按停秒表，秒表如走了9分2.6秒，则掩始时刻为21h00m+9m2.6s=21h9m2.6s。把秒表清零，掩终时按下秒表（带分段计时功能的则不必清零，让秒表继续计时，只要在掩终时按停即可，然后用对时的时间加上秒表上的显示时间即可。如掩终时秒表共走了30分10.55秒，则掩终时刻为21h00m+30m10.55s =21h30m10.55s），直至22时整，对时把秒表按停，如秒表走了5分10.3秒，则22h00m−5m10.3s=21h54m49.7s，这便是掩终时刻。

如所选时刻为21时15分00秒，按下秒表后，当看到被掩星体开始被掩时按停秒表，此时秒表走了5分3.1秒，则掩的开始时刻应为21h15m00s+5m3.1s=21h20m3.1s。把秒表清零。当掩终时，按下秒表，直到22时整对时，把秒表按停，如秒表走了10分10秒，则22h00m00s−10m10s=21h49m50s，这就是掩终的时刻。

最后，记录此次观测：掩始时和掩终时的时刻。

❹ 观测后的分析与记录。

分析主要针对人差和表差。

活动步骤

人差：每位观测人员的手眼配合程度和反应速度不同，人们通常在看见掩星现象发生后，再按下秒表，这样会延长若干秒点，特别是现象结束时，这样会造成较大误差。如果事先知道自己的反应延长时间即人差，请注明。

思考3：观测中的人差是否可以作为观测常数来记录？

活动步骤

表差：为提防秒表在时间上的误差，每次观测完成后，需要对秒表进行再一次对时。如发现误差，可按比例修正观测时间。

掩星的目视观测记录：

观测对象：_____ 观测日期：_____ 月龄：_____

观测地点：_____ 经度：_____ 纬度：_____ 高度：_____

观测者：_____ 通信地址：_____

观测仪器类型：折□ 反□ 折反□ 双筒□ 肉眼□ 其他_____

仪　　器：口径_____ 倍率_____ 主焦距_____

支　　架：赤道□ 经纬仪□ 手动□ 电动□ 跟踪□ 其他_____

天空状况：云量：无□ 薄□ 多□ 风力：_____

大气宁静度：良好□ 尚可□ 差□

大气透明度：良好□ 尚可□ 差□

被掩情况：

被掩时间	出现现象	人　差	备　注

活动步骤

出现现象：①被掩星消失 □　②被掩星出现 □　③凌星暗影出现 □

④凌星暗影消失 □　⑤被掩星光度变暗 □　⑥被掩星光度增强 □

⑦无掩/凌现象 □

人　　差：①人差时间____秒已从观测中修正 □

②观测时无人差 □

③人差时间未修正 □

备　　注：注明有无其他异常现象出现。

记录表格解释：①观测日期要同时标明公历和阴历；

②月龄准确到 0.001 日，被掩时间精确到 0.1 秒；

③有的____可填对号，"出现现象"填数据代号，人差标代号；

④被掩星体的名称、坐标和星等等情况需要进行说明。

检测与评估

❶ 观测月掩星在科学研究中具有何种意义？

❷ 熟练掌握秒表的对时与操作工作，试着测出你的人差和表差。

资料与信息

学生使用与此书同一年的《天文普及年历》（由北京天文馆负责编辑出版）

提示与答案

阅读与思考

　　思考1：略。

实践与思考

　　思考2：略。
　　思考3：略。

检测与评估

　　❶观测月掩星可以测出当地的经纬度；可以帮助天文学家研究和计算月球轨道，修正月球运动理论，通过月球轨道的理论值与实际值的误差进而研究地球自转的不均匀性；可以测定月球黄经与月球黄纬的改正值；测定历书时、月角差系数、太阳视差以及研究双星等。

　　❷略。

5 观星利器
GUANXINGLIQI

当天界的守望者坐在我身边的时候，众神会通过它神奇的化身，一一报出自己真实的身份！

阅读与思考

一、望远镜的发明和发展

16世纪，荷兰眼镜业已非常发达，各眼镜店铺的透镜琳琅满目，人们可选购自己如意的眼镜或镜片。

1608年秋天，在米德尔堡市的一家眼镜店铺中，一位学徒闲来无事，拿来两块眼镜透镜拨弄，当他把两块透镜一远一近的放到眼前时，奇迹出

繁华的眼镜市场

现了，店外的景物被放大了，好像就在自己跟前。等店主汉斯·利帕席回来后，学徒就把自己的发现告诉了他。汉斯·利帕席照着学徒的方法做了一遍，感到十分神奇并意识到了这项发现的重要意义，他立即着手把两片透镜安装在一个简易的金属管中，并将此仪器命名为"窥器"（looker）。1608年10月2日，汉斯·利帕席正式向当地专利机构为这项发明提出了专利申请。

汉斯·利帕席按学徒工说的又做了一次

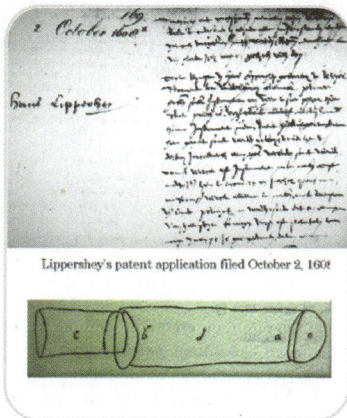

汉斯·利帕席申请的专利

后来，汉斯·利帕席把这种神奇的仪器奉献给荷兰政府，并应用于与西

班牙的作战中，使己方得到了新优势。

汉斯·利帕席

荷兰政府人员正在通过仪器观察

1612年，希腊数学家爱奥亚尼斯·狄米西尼亚建议，把这种神奇的仪器命名为"望远镜"（telescope），在希腊语中译为：遥远和注视的结合。1650年，望远镜这一名称终于得到世人的认可。

望远镜在世界广泛应用

思考1：在1612年前，望远镜除了"窥器"这一名称外，还曾使用过哪些名称？

1609年5月，著名的意大利科学家伽利略，在听说荷兰人发明了神奇的仪器后，用了一天的时间来思考，也组装了可以望远的类似仪器。他把一块平凸透镜和一块平凹透镜装配在一根4.2厘米口径的管子上，用眼睛在平凹透镜一端看（此端的透镜被称为目镜）。

伽利略与望远镜

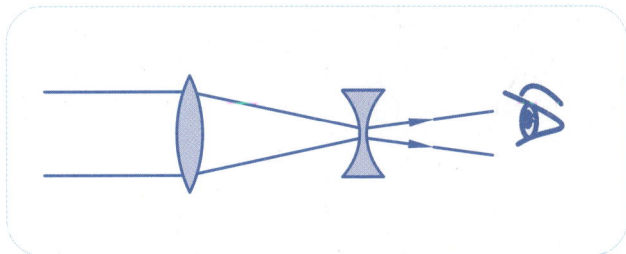

伽利略望远镜的光学原理图

伽利略将这台仪器（物镜口径4.4厘米，倍率32倍）指向了神秘的星空，观测到许多前人所未见的天象，揭开了人类观星的新篇章。而这台仪器，后人称它为"第一架天文望远镜"（又称伽利略式望远镜）。

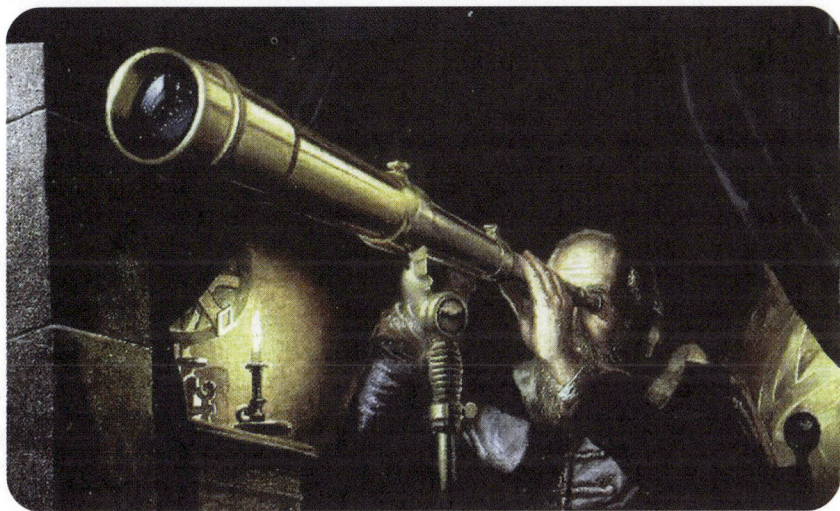

伽利略在观测

由于伽利略的望远镜的成像是放大的正像，所以它们立即成为戏剧观看用镜——简称观剧镜。但伽利略却将它指向了月球、太阳、木星、银河，他看到了月球表面的环行山、太阳黑子、不停围绕木星运转的卫星及由密密麻麻的肉眼看不见的恒星组成的银河。这些伟大的观测，打破了以肉眼直接观测为依据的宇宙思想体系，为人类打开了崭新的宇宙窗口。

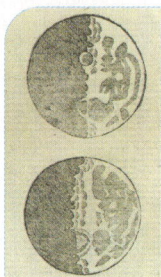
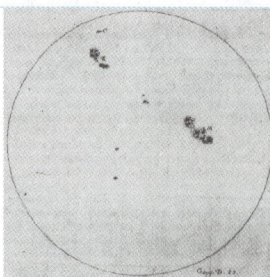

月球　　　　　　　太阳　　　　　　木星及卫星　　　　　　星团

近些年来，随着科技的迅速发展，望远镜的种类不断增多，这使许多人感到迷惑不解，此镜是什么？是不是天文望远镜？从广义上讲，只要它是望远镜，你能用它对星空天体进行观测，那么它就是你的天文望远镜。但天文望远镜的狭义定义为：它是收集星空天体的光学辐射并使之成像的天文仪器，是人们认识和了解星空天体的重要工具。

二、望远镜的光学分类

我们通常把望远镜前面的大透镜或后面的巨大凹面反射镜叫做**物镜**，因为此镜能把远方物体（天体）的光线聚集在一个点上，以增加物体（天体）的视亮度。望远镜后面或侧面与观测者眼睛接近的透镜叫做**目镜**，此镜会把**物镜**收集来的光线经折射成像后，使观测者肉眼感觉到来自物体（天体）像

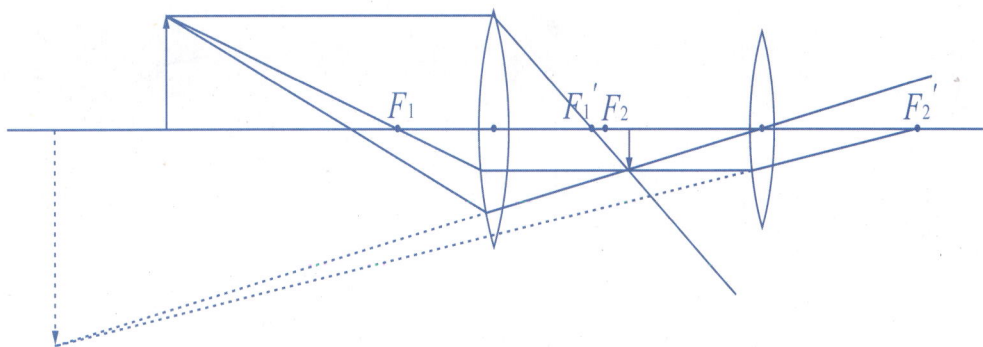

的亮度与大小。**物镜**的焦距较长，**目镜**的焦距较短。

由于天文望远镜的物镜不同，可把天文望远镜分为三大类。物镜是透镜的称为折射望远镜，物镜是反射镜的叫反射望远镜，在反射望远镜前面加一块改正透镜组成物镜系统的叫做折反射望远镜。

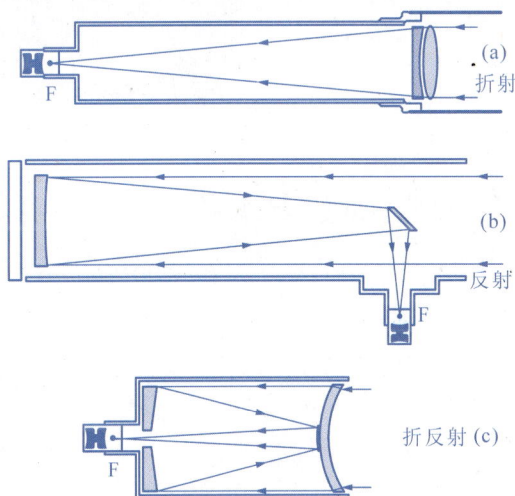

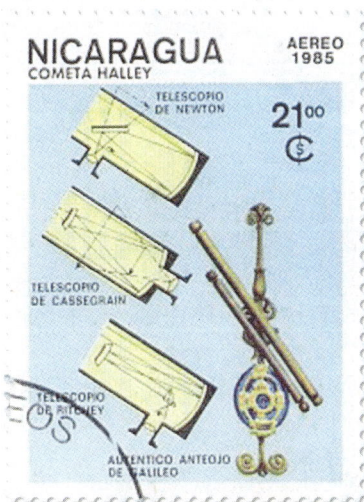

1. 折射望远镜

由于透镜的组合方式不同，折射望远镜大体可分为两种。一种以一块凸透镜作为物镜和一块凹透镜作为目镜组成，称为**伽利略式**。由于这种折射望远镜大多作为戏剧观看用镜，故又称为观剧镜。

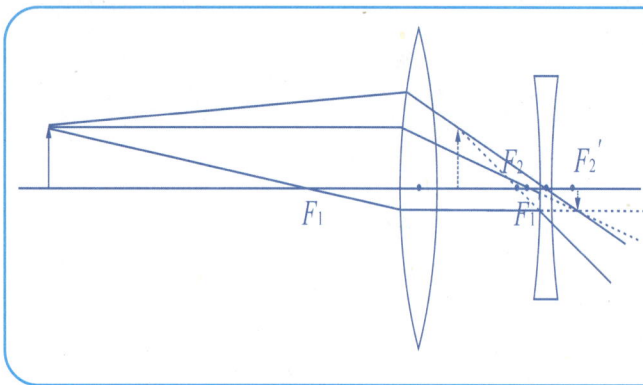

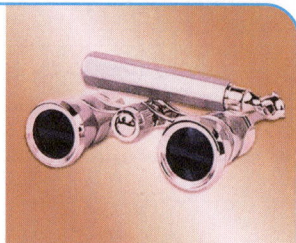

戏剧镜

伽利略式望远镜的成像特点是成正像。

另一种以两块凸透镜作为物镜和目镜，称为**开普勒式**。此镜是开普勒对望远镜的光学结构进行研究后改制而成的。它使望远镜的视野扩大了，而且其可在目镜前安装十字丝进行测量，开创了天体测量之先河。

开普勒

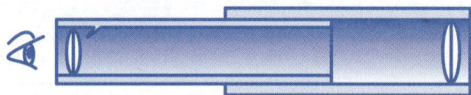

此类望远镜的成像特点是成倒像。早期的折射望远镜都是单透镜，观星时图像畸变严重，并且会在星体周围产生额外的颜色光斑，即球差和色差。为减少球差和色差，早期望远镜的物镜焦距都很长，所以望远镜镜身极长。

色差

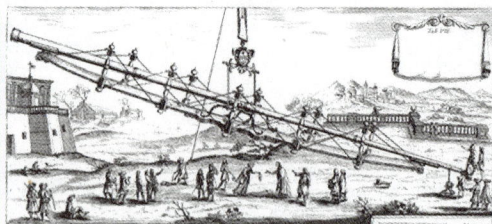

赫维留斯46米的长镜

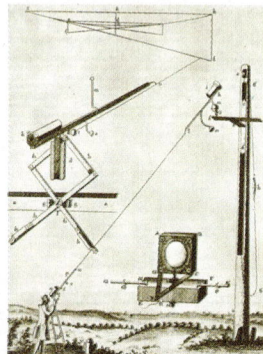

惠更斯无镜筒式长镜

这些长镜使用起来非常费劲，而且色差问题也不能完全解决。直到1733

年，英国律师切斯特·穆尔·霍尔发现由冕牌玻璃（凸镜）和火石玻璃（凹镜）组合的复合物镜可以消除色差，但最终由约翰·多郎德向英国皇家学会做了有关报告，并获得了专利。

现在的折射望远镜，均采用消色差物镜，它能有效消除物镜的球差和色差。此种物镜是由一块冕牌玻璃制成的凸透镜和一块火石玻璃制成的凹透镜组成的，两块镜片稍有分离的为**双分离消色差物镜**，两块镜头黏合在一起的是**双胶合物镜**。

现在，一般观测效果好一点的大口径折射望远镜均采用双分离消色差物镜。

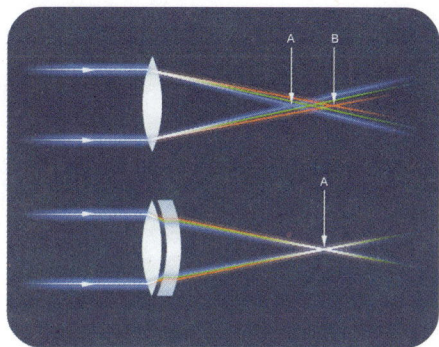

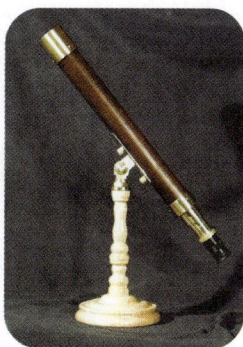

总体来说，折射望远镜的优点是：对透镜的弯曲不敏感，镜筒密封，物镜耐用。其缺点是：有残余的色差，物镜吸收光，特别是紫外光，聚光本领小，镜筒常会引起不易估计的弯曲，其口径与制作成本成正比。现在一般使用的折射望远镜，其口径均在10厘米左右。

2. 反射望远镜

折射镜产生的色差破坏了天体的真面目，英国科学家牛顿为攻克色差，选择了一种新方法，即不让光线穿过望远镜的物镜，只让它在凹面镜表面反射后聚焦成像。后人称这种望远镜为牛顿式反射望远镜。

牛顿设计反射镜草图

牛顿反射光路图

牛顿反射天文望远镜

　　牛顿反射望远镜虽好，但其目镜在镜筒的侧边，不便于观测及增加终端仪器。因此，英国天文学家J．格里果里在1663年、法国卡塞格林在1672年各自设计了一种反光镜。后人以他们的名字命名了他们所设计的望远镜。

James Gregory
(1638-1675)

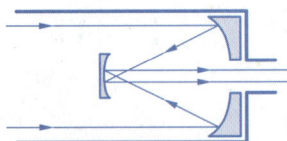

格里果里与反射镜光路图

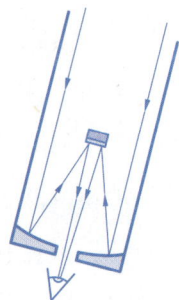

格里果里反射镜　卡塞格林反射镜光路图

现在，我们在观测时，常使用反射望远镜。它的优点有：不受色差干扰，成像畸变小，聚光本领大，物镜易于磨制、成本低，口径可制作得大一些。缺点有：镜筒中有一副镜，挡住了一部分光线，损失了部分光通量；由于氧化作用，镜面会失去光泽，需要不断对其重新磨镀。常用的反射望远镜口径均在10~20厘米之间。

罗斯2.4米口径的反射巨镜

3. 折反射望远镜

折反射望远镜由反射镜和透镜组合而成，综合了前两类的长处。该望远镜有两种类型，一种是德国施密特式望远镜，另一种是原苏联的马克苏托夫式望远镜。

施密特式望远镜的特点是：视野开阔，光力强，像差小，反射主镜是球面，磨制方便。但其亦有缺点：加工改正透镜极困难，由于此镜位于

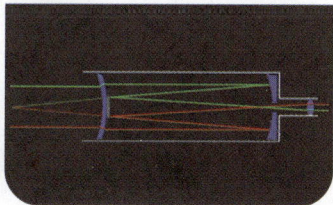

施密特式望远镜及光路图

马克苏托夫式望远镜及光路图

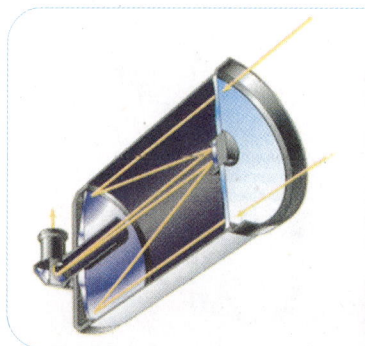

物镜的曲率中心，这使其镜筒比牛顿反射式加长了一倍，而且像面是弯曲的。

马克苏托夫式望远镜是1940年苏联光学家马克苏托夫发明的一种能够消除像差和色差的望远镜。其主镜为球面反射镜，而前面的改正透镜为弯月形的球面透镜。其优点是所有镜面均为球面，易于磨制，且成像质量好。

一般来说，马克苏托夫式折反射望远镜总体造价较昂贵，最少也需上万元。

三、望远镜支架分类

绝大多数的天文望远镜都放在支架上，便于操作和观测。为了使望远镜能观测天空任意位置的天体，安装支架时必须使望远镜能绕两条互相垂直的轴线旋转。根据轴线方向选择的不同，望远镜支架可分为两大类：地平式和赤道式。

1. 地平式支架

地平式望远镜有两个相互垂直的主轴，一是水平轴，一是垂直轴。望远镜镜筒与水平轴相连，寻找天体时必须将两个轴同时转动，运动相当复杂。其优点是重力对称，结构简单，造价低，对于设计简单的望远镜，用地平式支架来寻找天体目标较容易。缺点是跟踪天体时，两轴不断变动，十分不

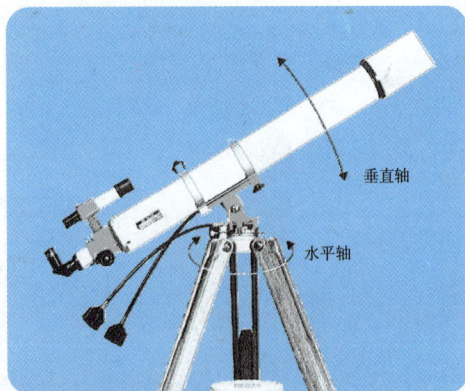

普通地平式望远镜

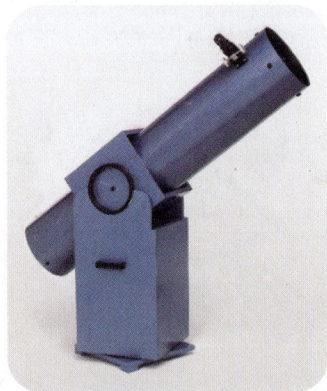

道普森地平式望远镜

便。地平式支架可分为：台式、点式和叉式（道普森式）。

2. 赤道式支架

这种类型的支架有两个互相垂直的轴：赤纬轴和赤经轴（极轴）。极轴的指向高度为当地的地理纬度，镜筒可以绕赤纬轴转动。跟踪被测天体时，赤纬轴一般不移动。望远镜会自东向西绕极轴转动，速度为15″/秒，以此来补偿因地球自转造成的天体视运动，使望远镜始终指向天体。

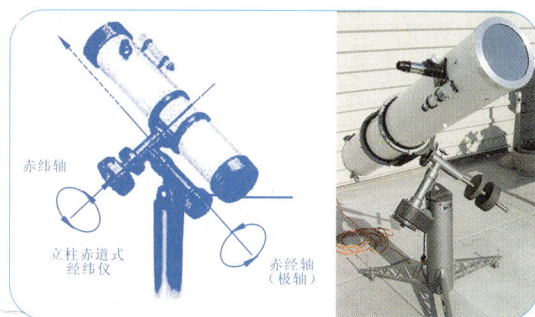

赤纬轴

立柱赤道式
经纬仪

赤经轴
（极轴）

普通德国赤道式望远镜

赤道式支架的优点是利用望远镜寻找天体十分方便，且便于长时间地跟踪天体。赤道式支架可分为：德国式、英国式、叉式、马蹄式、轭式。德国式和叉式较为常用。

思考3：大型反射望远镜经常使用什么支架？

除了镜筒与支架之外，天文望远镜还有一些附件：天顶镜、寻星镜、极轴镜等。

四、望远镜的性能与应用

小型天文望远镜的几项基本性能，大家应认真掌握，这几项基本性能是相对口径、放大率、分辨率、极限星等、视场和聚光力。

1. 相对口径

对于日、月、行星等有一定面积的天体，使用望远镜观测的亮度与望远镜相对口径的平方成正比。

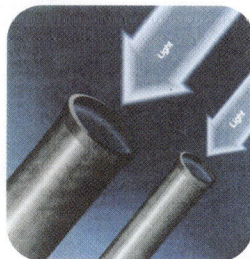

相对口径 = 物镜通光口径 / 物镜焦距

相对口径越大，聚光能力越强，通过望远镜看到的天体就越亮。

2. 放大率

这里的放大指的是对视角的放大，例如，用一个放大10倍的望远镜观察远处的物体，相当于将物体移近到为原距离1/10处用肉眼观察的效果。

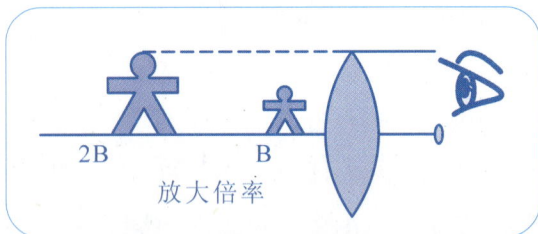

放大倍率

放大率 = 物镜焦距 / 目镜焦距

并不是倍率越大，肉眼分辨天体角距的能力就越强。倍率越大，望远镜视场越小，天体亮度越暗，大气抖动与望远镜的像差也随之放大，这会使观测目标模糊不清，无法观测。所以望远镜有其最高倍率和最低倍率。

最高倍率 = 2~3 × 60 / 望远镜分辨角

例如，分辨角为1″时，最高倍率在120~180倍之间。

最低倍率 = 物镜口径（mm）/ 7

思考4：一架口径为6厘米的折射镜，其配备的目镜可以使望远镜倍率达到600多倍，这是否有用？为什么？

3. 分辨角（又称分辨本领或分辨率）

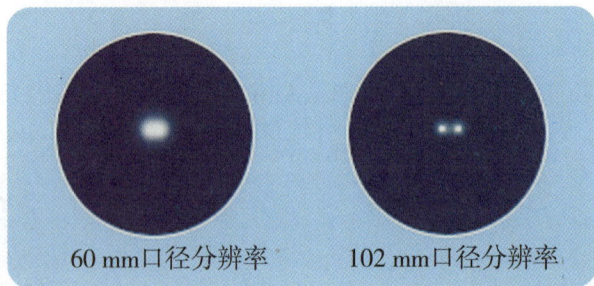

60 mm口径分辨率　　　　102 mm口径分辨率

由于光的衍射作用，星星在望远镜内所成的像会成为一个光斑。如果两颗星接近到用望远镜刚刚能分辨出来，那么它们的最小角距就称为该望远镜的分辨角。

分辨角（角秒）= 140 / 物镜直径（mm）

一般认为某些天文望远镜的分辨角比放大率更重要。

4. 极限星等（又称穿透本领）

极限星等是指在晴朗无月的夜晚，望远镜所能见到的恒星的最暗星等。

极限星等 = 1.77+5lg［望远镜口径（mm）］

受望远镜像差、光轴偏差和城市周围灯光、夜天光的干扰，望远镜的极限星等会比理论值小，有时甚至会影响1~2个星等。

5. 视场

视场是通过望远镜观测时，肉眼在目镜中所看到的天空的范围，以角直径表示。测定方式为：记录一颗恒星从视场中沿着直径穿过所需要的时间 t（分钟），再查出这颗星的赤纬值 d。

视场（角分）=15$t\cos d$

对于同一台望远镜而言，视场同目镜焦距有关，焦距越短，视场越小，即倍率越高，视场越小。

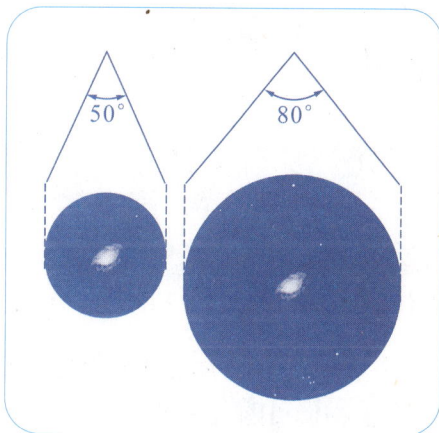

6. 聚光力

聚光力即聚集来自天体的光的能力。它表示的是与在黑夜中瞳孔直径为7毫米的人眼相比，望远镜可以聚集多少倍的光。

聚光力 = 物镜口径（mm）的平方/49

我们已经了解了望远镜的基本性能，但不同有效口径的望远镜对不同对象采用多大的放大率才合适呢？一般来说，观测暗天体（彗星、星系、星云等）应采用最低倍率的望远镜，而对于亮天体（行星、月球、太阳等）及研究天体细节时，应采用最高倍率或接近最高倍率（从经验可知，最高倍率不超过望远镜口径（mm）1倍即可）的望远镜。

【注意】

望远镜是精密仪器，应经常维护，要轻拿轻放，镜筒平衡要调好，望远镜转动部件的制动螺旋不要拧得过紧。如果周围水汽太大致使目镜模糊，应暂停观测。镜头如有水汽，可用镜头纸擦干，严禁用手或普通的布来擦。

实践与思考

活动 ① 制作简易的开普勒望远镜

活动步骤

步骤一：物镜与目镜的选择

❶ 物镜可购买未经过磨边的青片（一边平、一边凸）老花镜代替，但要注意换算，公式如下：

D（眼镜度数）$= 100 / F$（物镜焦距、单位为m）

例如，需要1米（1 000毫米）焦距的物镜，经换算后，应选100度的老花镜。

❷目镜可选购放大镜，但也要注意换算，公式如下：

d（放大镜的放大倍数）$= 250 / f_目$（目镜焦距mm）

例如，需要25毫米焦距的目镜，则应选择放大倍数为10倍的放大镜。

步骤二：镜筒的简易设计、加工与安装

镜筒一般分为物镜筒和目镜筒。为了美观与装配的方便，我们又把物镜筒分为主物镜筒和副物镜筒两类。望远镜镜筒总长应等于物镜焦距和目镜焦距之和。

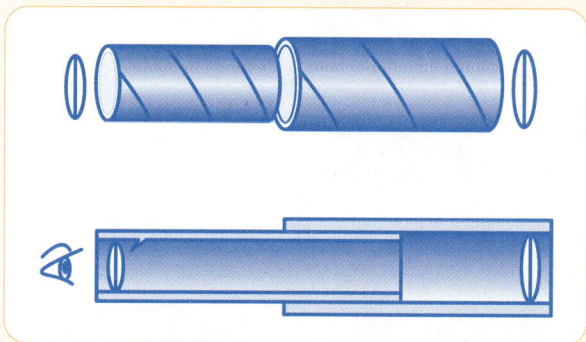

❶ 主物镜筒可用等于或稍大于物镜直径的塑料、硬性乙烯或硬纸长筒制作，筒壁厚3~5毫米，其长度可根据下面的公式确定：

$$L_主（主物镜筒长度）= F_物（物镜焦距mm）—10$$

❷ 副物镜筒可找一根外径尺寸刚好和主物镜筒大小一致的管子（镜筒材质与主物镜筒类同），如其稍微大一点，可在副物镜筒外卷上硬纸皮来弥补尺寸差。副物镜筒长度为70毫米左右即可。

❸ 目镜镜筒可选择一根外径尺寸刚好或稍小的管子（管子材质与物镜筒类同），稍小的可在镜筒外卷上硬纸皮来弥补尺寸差即可。其长度如下：

$$L_目（目镜镜筒长）= f_目（目镜焦距mm）+ 80$$

如果找不到适合的筒子，可用硬皮纸卷制，但需要把硬皮纸（牛皮纸、草板纸）事先在水中浸一下，这样在卷制时就容易保持平整。

❹ 镜筒制作完成后，即可安装镜片。一般，物镜镜片凸面向外，目镜镜片的凸面向镜筒内。物镜安装在主物镜筒的前端。在副物镜筒内，要加弹簧圈把镜片夹住固定。如没有弹簧圈，可截下两节1毫米厚的塑料圆圈来代替。目镜也使用同种方法固定。

一般情况下，当望远镜的倍率在10倍以上时，就需要配备支架了。

活动 2 辨别望远镜

活动准备

入门者分辨光学望远镜时的误区

❶ 折射与折反射：把折射望远镜后端目镜系统中的45°天顶反射镜误认为折反射望远镜中的主镜反射镜。

❷ 反射与折反射：把反射望远镜镜筒前端的平面挡尘玻璃误当为折反射望远镜中的改正透镜。

有平面挡尘玻璃反射镜

有改正透镜的折反射镜

思考5：在区分望远镜时，是否还会产生其他误认？

活动任务

看图分辨望远镜

❶ 图1：为消色差折射镜，且为地平式，全称为地平式消色差折射望远镜。可以从本单元找依据，说说为什么图1中的望远镜称为地平式消色差折射望远镜。

❷ 图2：为牛顿反射式，并且是德国赤道式，全称为德国赤道式牛顿反射

活动任务

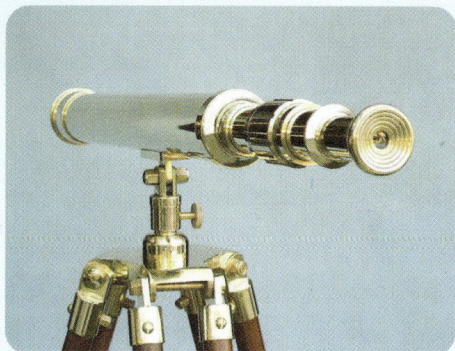

图1

图2

望远镜。

　　这架望远镜的最前端没有镜头，只有十字副镜架，而且目镜位置在镜筒前端侧面，所以其为典型的牛顿反射式望远镜。其支架为典型的德国式赤道式，所以把它称为德国赤道式牛顿反射望远镜。

　　❸ 图3：为典型牛顿反射镜，且为万向地平式，全称为万向地平式宝葫芦牛顿反射望远镜。

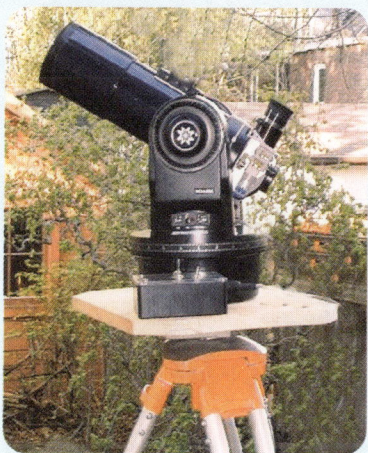

图3

检测与评估

❶ 已知一台望远镜的口径为100毫米，物镜焦距为900毫米，目镜焦距为30毫米，请计算此镜的聚光力、相对口径、放大率、分辨角、极限星等。

❷ 利用自己的望远镜，运用文中给出的方法测定望远镜的视场。还有其他方法可以测视场吗？

❸两台望远镜的口径一样，但在观测同一天体时，一台观测到的天体亮一些，另一台观测到的天体亮度则十分暗弱。请分析原因。

❹如何根据观测对象选择相应的望远镜？

❺制作一架简易的望远镜。

资料与信息

刘家荫，罗蓉枝. 望远镜的制作［M］. 北京：科学普及出版社，1988.

提示与答案

阅读与思考

思考1：略。
思考2：略。
思考3：略。
思考4：略。

实践与思考

思考5：略。

检测与评估

❶略。
❷略。
❸提示：这两台望远镜的口径一样，放大倍率不一样。倍率越大，望远镜视场越小，天体亮度越暗。
❹提示：不同口径望远镜对观测不同天体时有推荐采用的放大率，根据此来选择。
❺略。

火红的威慑

火红的战神所引起的世间大火，使我们甚为恐惧。但也许在威慑之后，它会以更美好的声音，回应我们对它的请求。

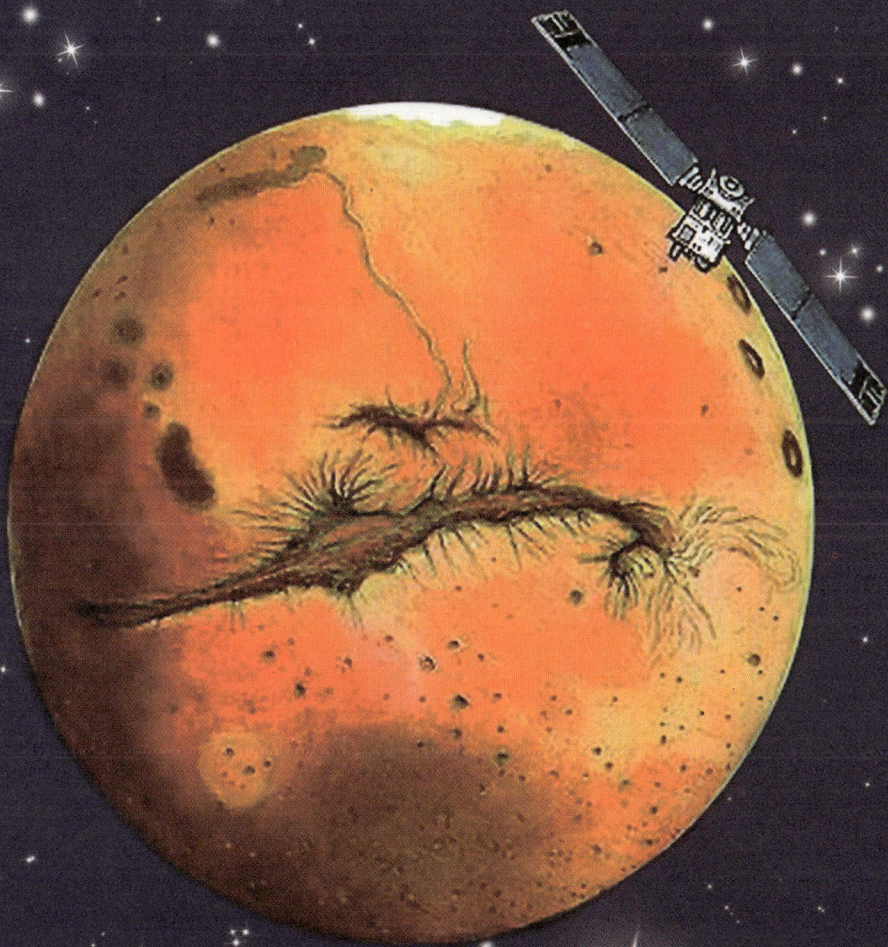

阅读与思考

一、火星概述

　　人类对火星的关注远胜于太阳系中除地球之外的其他行星，这是因为火星被认为是最有可能成为人类第二家园的行星。火星虽然比地球小很多，体积大约只有地球的15%，但是其自转周期、四季更替、大气组成等物理性质与早期的地球十分相似。在将来，人们可能会将火星改造成为适宜人类居住的第二故乡。

思考1：火星大气能否保护人类不受伤害？

　　人类对于火星的观测，在中国史书中早有记载，因为肉眼看上去火星荧荧似火，故中国古人命名其为"荧惑"。在西方神话中，人们以战神玛尔斯（Mars）来称呼它。

二、对火星的观测

16世纪中后期，丹麦天文学家第谷对火星进行了长达20年的系统观测，积累了大量详尽的观测资料，这些资料为后来开普勒发现行星运动三定律提供了有力保障。17世纪，意大利天文学家伽利略发明了第一架天文望远镜，从此人类进入了真正意义上的火星观测时代。在天文望远镜发明50年后（1659年），荷兰天文学家惠更斯首次观测到了火星的自转现象，并计算出其自转周期约为24.6小时，与现代测量的精确值24时37分22.6秒已十分接近。1666年，法国天文学家卡西尼也发现了这种现象并对外阐述了自己的观测。1672年，惠更斯绘制了第一幅火星表面图并证实了极冠的存在；大约100年后，英国天文学家威廉·赫歇尔经观测发现火星的自转轴跟它的公转轨道面有近30°的倾斜角（实际上为25.19°），这证明火星上也存在四季更替。

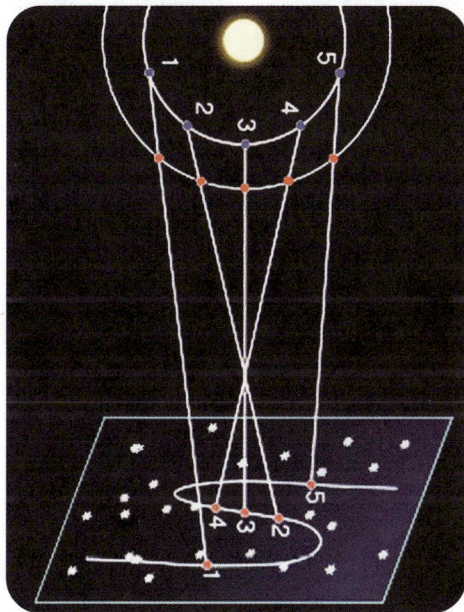

最为有趣的是1877年的火星大冲（观测地外行星最有利的时机，一个会合周期中火星最接近地球的时期），当时意大利米兰的布雷拉天文台的台长乔范尼·弗吉尼奥·夏帕雷利首次观测到在火星上有类似地球上的河床的大大小小的条纹，于是他在观测记录中用意大利文"canali"来形容它，意思是

"峡谷"。然而当这一词语被译成英文时，却成了"canal"即"运河"。这两个貌合神离的词引起了轩然大波，因为"运河"一词明显带有人工修筑的含义。随即有人宣称火星上存在有智慧生命。

1877年9月26日的火星素描图

引起火星运河争论的夏帕雷利

后来一些小说家甚至还编出了"火星人入侵"等故事，更为火星披上了神秘面纱。虽然现在的观测表明那些条纹不是真正的运河，人类也不握有火星上存在智慧生命的有力证据，但可以肯定的是，早期火星上的确存在水。

思考2：火星上有无极为低等的生命体？

实践与思考

活动 ❶ 火星在哪里？——寻找火星

活动准备

想要观测火星，首先需要知道火星在哪里。由于火星与地球的距离的变化范围很大（最近5 500万千米，最远超过4亿千米），所以它的亮度变化也很大，最亮时超过木星的亮度（如2003年8月火星大冲时，火星的亮度达到了—2.5等），最暗时只有1.5等左右，比土星（0.1等）还要暗。所以，在平时观测时，要想在复杂的星空背景中找到火星，也需要一些必要的训练。

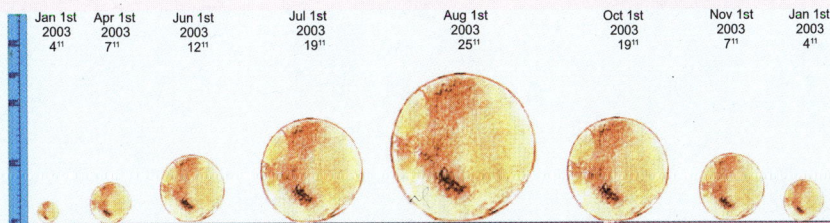

| Jan 1st 2003 4^{11} | Apr 1st 2003 7^{11} | Jun 1st 2003 12^{11} | Jul 1st 2003 19^{11} | Aug 1st 2003 25^{11} | Oct 1st 2003 19^{11} | Nov 1st 2003 7^{11} | Jan 1st 2003 4^{11} |

　　下面提供一些寻找火星的参考方法，这些方法同样适用于寻觅其他大行星。

❶ 行星不闪。大行星离地球较近，虽然肉眼看上去其与满天繁星没有太大区别，但是通过望远镜观测时，我们可以看出大行星的视圆面，也就可以把它们看做是面光源，这与我们看到的恒星（除太阳外）不同，恒星可以看作是点光源。所以在不断抖动的大气背景下，观测到的大行星不会像其他恒星那样闪烁不已。

❷ 在黄道带内寻觅。太阳系内的天体具有共面性特征，也就是说，太阳系天体基本上在一个平面上运行，火星也不例外。把地球的公转轨道平面称作黄道面，在寻觅火星时可以对照星图和天文年历，确定火星当时所在的星座，然后在黄道带附近寻觅。

❸ 火星的特征。火星最大的特征就是它看上去是火红的，它的红色来源于其表面岩石中含有的丰富的氧化铁（铁锈的主要成分）。所以根据这一特征，也可以很容易发现它。其他行星也有各自的特征，这里不再赘述，请参阅本书其他各单元。

　　根据上述方法，大家可以尝试在平时寻找火星等大行星。通过这样的训练后，你就可以对天上的几颗大行星了如指掌了。

思考3：除了上述方法，你还能想到哪些可以寻找到火星的方法？

活动 2 绘制火星的素描像

活动准备

对于一般的人来说，30多厘米口径的望远镜已经达到了极限。在这个数字以下，从总体上讲口径越大越好。当然镜片的光学质量也是影响观测效果的关键因素。那么，到底用多大的倍率观测的效果最好呢？

火星视直径相当小，即便在冲日的时候也很小。因此，要欣赏表面的细节，望远镜的倍数要足够大才行。但是，在一定的口径下，最高的放大倍数是有限制的。一般来说，欣赏火星的最佳放大倍数和口径的关系如下：

口　径	放大倍数
6 inch（15cm）	300 ×
8 inch（20 cm）	400 ×
10 inch（25 cm）	450 ×
12 inch（30 cm）	500 ×
14 inch（35 cm）	550 ×
16 inch（40 cm）	600 ×

应当指出的是，上面的这些值是在大气稳定的时候给出的。如果你所在的地方在观测时视宁度差，那高倍数简直就是一场灾难——视场中所有的东西都在游动，严重时根本无法对焦。因此，只有在视宁度好的时候，使用上述的倍数进行观测的效果才比较好。如果视宁度不好，可以使用上述倍数一半的望远镜来观测。

使用高倍时，最好的目镜是无畸变的Plossl目镜。好的目镜可以有效地校正颜色，减轻眼睛的疲劳。

用手中的铅笔为火星勾画一幅素描像，是一件很有意思的事情。这样的实践可以显著提高目视观测能力，能敏锐地发现天体的细节和细微变化，有时甚至可以超过照相观测。在照相观测中，由于感光材料、大气状况、机械性能等原因，有些细节会被抹煞掉。画素描像这项工作需要我们耐心、细致地进行。

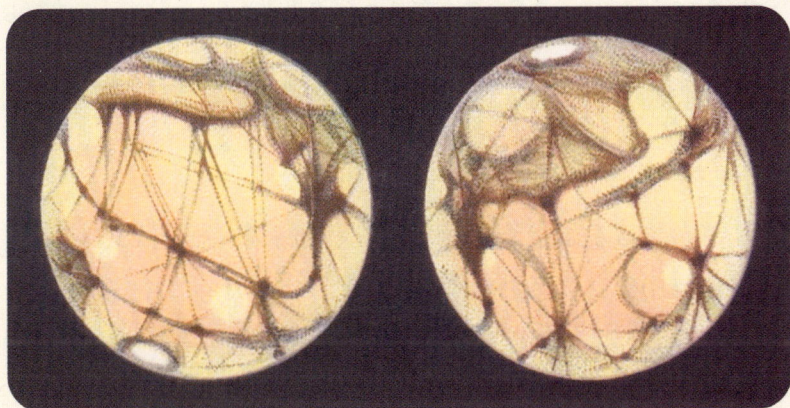

❶ 望远镜。观测时尽量使用大口径（大于10 cm）、长焦距的折射或折反射望远镜，这有利于展现火星的反差和细节。另外，在确定放大率上应尽量使火星本体清楚、反差高，但是放大率过高或过低，则会影响观测效果，所以确定合适的放大率需要反复进行实践。

❷ 滤光片。观测中可使用20毫米照相镜头的橙黄色滤镜，放在目镜后面，这样能提高火星表面条纹的反差，也可以使用蓝色的雷登80。如订购一套滤镜，可以安装在目镜前，由于小望远镜中图像暗淡，所以主要使用橙色的。

❸ 工具准备。HB、2B、4B、6B铅笔各一支，观测纸若干，红色照明灯一只（红光对人眼的刺激最小，可以降低观测误差）。观测纸可以自行设计，纸上应包括拍摄时间（最好用世界时）、拍摄地点（用经纬度标注）、天气条件、仪器情况等。

	天体名称：
	描述：
	观测时间(世界时)：
	观测地点
	望远镜：　　放大率：
	焦距：　　　焦比：
	目镜：
	滤镜：
	赤道仪：
	大气情况描述：

❹ 描绘。首先在观测纸上绘制一个大小适中的圆（根据情况自己决定），将圆以外的部分用碳素笔涂黑。实际观测时，需要从目镜中观测目标数分钟以便眼睛适应观测环境，从而观测到最多的火星表面细节。当火星的画面在大脑中有了粗略的印象之后，我们便可以利用手中的铅笔开始描绘。首先要用HB铅笔勾勒出火星的大概形状和明暗分界，然后再根据火星的明暗特征用2B等铅笔进行细致地加工。在绘制过程中，一定要保持平和的心态，尊重科

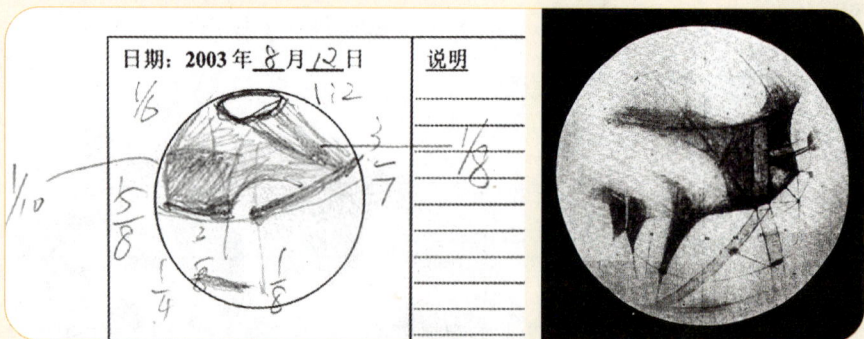

北京业余天文观测者曹军的火星观测图

学事实，不能像艺术创作那样随意修饰。开始画之前可以参考一下他人的作品，必要时可以进行模仿。

活动 3　火星的拍摄

活动准备

　　传统的胶片摄影可以用于火星摄影，但是随着科技的发展、数码摄影设备的普及，越来越多的天文爱好者开始使用数码设备来拍摄高倍率的火星照片。

　　数码摄影的主要设备除望远镜外，就是数码相机、摄像头或者摄像机，它们均可以用于火星摄影。天文爱好者们可以根据自己的情况选择。一般来说，数码相机的分辨率最高，但比较昂贵；摄像机的分辨率次之，也较昂贵，但它可以记录动态图像，便于后期的叠加处理；摄像头最便宜，分辨率最低，但是如果使用得好也可以获取很好的照片。

　　使用或者自制一个接口，把数码相机与望远镜连接起来，以便于拍摄。但在调焦时不要损坏数码相机的镜头。

活动步骤

　　用数码摄像头拍摄时，最好挑选可以手动调节曝光时间的摄像头，卸下摄像头本身的镜头，将CCD或CMOS芯片放在望远镜焦点的位置，然后通过计算机来采集摄像头拍摄到的图像。

思考4：什么样数码摄像头的摄像效果最理想？

如果用摄像机拍摄火星，由于摄像机比较重，不方便直接接在望远镜的目镜端，可以采用望远镜和摄像机分离的方法。将摄像机放在一个三脚架上，立于望远镜的目镜处，调整好距离和位置，这样也可以拍摄。当然，随着赤道仪的转动，需要经常调整三脚架。

在上面的数码摄影中，望远镜都需要使用能自动跟踪的赤道仪，因为高倍下，目镜中目标的移动十分明显，如果不采用自动跟踪的方式，很快就会失去目标，无法进行拍摄。此外，必须十分小心地调整焦距。可以先放大，仔细调整后，再回到合适的放大率拍摄。

没有冷却的数码设备容易产生噪点，影响图片效果，所以最好采用拍摄动态录像的方法。拍摄完成后，在计算机中将录像的片段分割成独立的画帧，利用图像叠加软件如AstroStack，Registax等，进行多幅图像的叠加处理，这样可以有效地降低图像的噪点，得到清晰的图像。

| 原始图片 | Registax 处理后 | Photoshop 处理后 |

如果你对图像处理软件有所了解，可以利用Photoshop或Registax等软件对叠加后的图像进行处理，调整反差、增强对比度。Registax软件对小波图像处理的效果很好，大家可以尝试一下。

活动 4 制作简易火星仪

纸质火星卡纸，剪刀、胶水、塑料支撑架。

活动步骤

① 把火星图从卡纸上按线剪好。

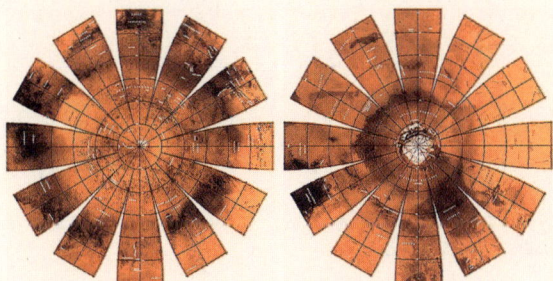

② 按图中要求用胶水粘好。

③ 放在塑料支撑架上即可。

检测与评估

① 画一幅火星素描图。

② 尝试拍摄火星的数码照片。

资料与信息

① 卜毓麟. 追星: 关于天文、历史、艺术与宗教的传奇 [M]. 上海: 上海文化出版社, 2007.

② 胡中为, 严家荣. 星空观测指南 [M]. 南京: 南京大学出版社, 2003.

提示与答案

阅读与思考

思考1: 略。

思考2: 从火星陨石中发现了类似的生命体。(见下图)

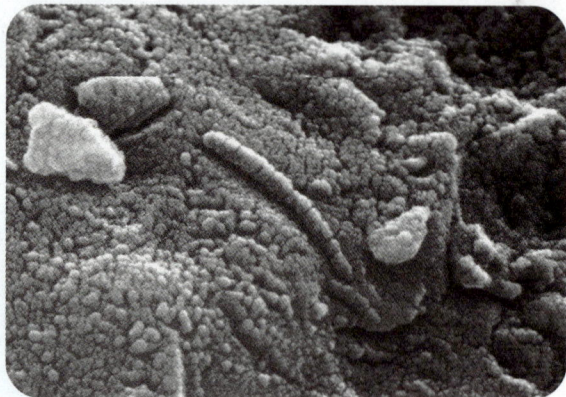

实践与思考

思考3: 略。

思考4: 略。

检测与评估

① 略。

② 略。

人造天使
RENZAOTIANSHI
7

我随着先哲的智慧一同上天，探索着天的哲理。回望人世，小小圆球。面对广袤无垠的天宇、运转和谐的星空和玄妙的音乐，我突然有了种天使的感觉！

阅读与思考

在晴朗的夜晚，我们仰望星空，有时会看到一个亮点慢慢划过天际，有少数会非常亮以至于可能超过了木星甚至金星，成为短时间内天空中最耀眼的明星，为原本平静的夜空注入一丝活力。你看到的是人造天体。我们知道月亮是地球的天然卫星，它不停地围绕着地球运转。由人类制造并发射的物体，只要达到宇宙速度，并且围绕行星进行运转，我们就称其为人造卫星。

1957年10月4日，苏联把世界上第一颗人造地球卫星送入地球轨道。我国也在1970年4月24日发射了第一颗人造地球卫星东方红一号。到现在，人类已经发射了很多人造天体。这些人造天体包括围绕地球运转的卫星、空间站、科学实验站，以及运送它们的火箭残骸，还包括发往其他行星的科学探测器、宇宙飞船，以及可以多次起降的航天飞机等。

东方红一号

在人造天体中，最有名气的是国际空间站（International Space Station，简称ISS），它由美国、俄罗斯、日本、加拿大、巴西和欧洲空间局的11个成员国共16个国家联手筹建，是世界航天史上第一次由多国合作建造的最大的空间工程，也是迄今为止人类所建造的最大的航天器。它的太阳能电池板有70余米长，工作舱的长度超过50米。这使得国际空间站成为业余天文爱好者

们能从地面上分辨出细节来的为数不多的航天器之一。

另外较著名的就是铱星，它是美国摩托罗拉公司设计的全球移动通信系统。它的天上部分是运行在7条轨道上的卫星，每条轨道上均匀分布着11颗卫星，它们就像化学元素铱（Ir）原子核外的77个电子围绕其运转，因此被称为铱星。后来卫星总数减少到66颗。后来由于铱星公司亏损巨大，并在2000年3月17日宣告破产，这些铱星便成了无主的卫星，自顾自地在轨道上运行。但是这些铱星给天文爱好者们留下了一笔财富，那就是观测铱星闪光。这种闪光远远超越金星的亮度，最亮可达-8等，以至于有时在白天都可以见到。不过，随着铱星的运动和自旋，这种闪光只会持续几秒钟，之后就迅速暗淡下去。

近年来，越来越多的人开始对人造卫星进行观测。和其他天文观测一样，观测人造卫星也很有意义。现在就介绍一些相关知识给大家。

一、影响观测的主要因素——轨道

人造卫星所运行的最简单的轨道就是圆形轨道。其轨道可用轨道高度（人造卫星距离地表的高度）和轨道倾角（人造卫星轨道平面和地球赤道面之间的夹角）来描述。地球上的观测者能否观测到人造卫星由它们的数值决定。

二、高度与亮度

对于人造卫星来说，其距离地面越高越难以观测。它们的亮度通常用天文学上的星等概念来定义。人造卫星的亮度基本由以下三个因素决定。

1．人造卫星的表面状况。如果一颗卫星具有高度抛光、高度反光的表面，那么它所反射的阳光就较多，从地面上看也比较亮。

2．人造卫星的尺寸。这是一个非常重要的参数，卫星的尺寸越大，越容易观测到。

3．人造卫星的姿态。对于观测者来说，卫星反射截面的有效面积越大，观测者接收到的光也就越多。太阳落山后，卫星在东方天空出现的几率最大；黎明前，卫星在西方天空出现的几率最大。如果此时的卫星正在翻转，那么它将会不断地闪烁。观测时卫星所处的地平高度对其亮度同样有非常大的影响。处于地平和处于天顶两个观测条件下，卫星之间的亮度可以相差1~2个星等。

三、影响观测的其他因素

当卫星进入地球的阴影区，便会发生"食"。这是影响观测的又一个因素。因此，对于观测低轨道的人造地球卫星来说，高纬度地区的观测者可观测的时间更长。事实上，北极的观测者几乎看不到卫星进入地球阴影的现象。

思考1：人造天体有哪些？观测人造天体的意义是什么？

实践与思考

活动　观测人造天体

活动准备

观测人造天体，并不是很难。观测国际空间站和铱星等很亮的人造卫星，一般的天文爱好者和普通公众都可以做到。但如果是观测很暗的人造卫星，或拍摄ISS的细节，就

活动准备

需要有足够的经验和比较专业的设备了。

人造卫星的观测方式主要有三种：目视观测、摄影观测、摄像观测。

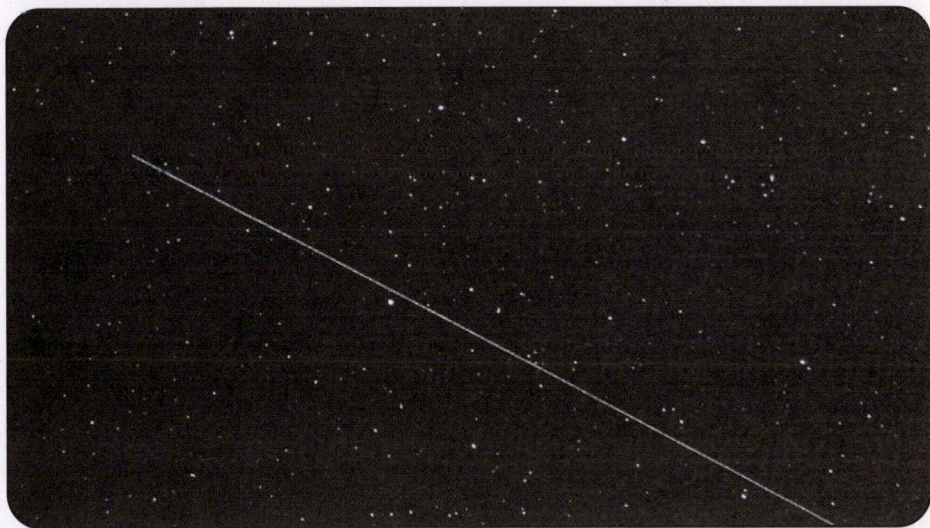

思考2：还有没有其他的观测方式？

活动步骤

方法一：目测人造卫星

由于人造卫星轨道的高度较低，它通常会以较快的速度相对于星空背景进行运动，这意味着像望远镜这样小视场、高放大率的工具一般不适于目视观测人造天体。目视观测最好直接用肉眼观测。

此外，由于城市光污染等因素的影响，亮度在3等以下的人造卫星不适合于目视观测，只有像ISS、铱星这样的近地轨道卫星才比较适合目视观测。

对于目视观测来说，最重要的就是确定人造卫星精确的过境时间。通常，ISS过境的最长时间也只有几分钟是可以观测到的，而铱星闪光更是只有

活动步骤

短短几秒钟的"辉煌"。而且对于轨道较低的人造卫星，即使精确查询到它在观测地的过境时间，也不能保证观测，因为人造卫星的运行轨道时刻都有可能改变，造成误差。因此在观测时间上不要卡得太紧，例如，观测ISS时，最好提前5~10分钟便开始观测。天文观测仪器选用天文地平式广角镜最为方便。

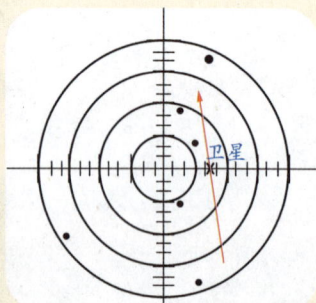

天文广角镜的视场结构　　　　广角镜　　　　定标星与卫星在广角视场中

　　来到观测地点后，先要对照查询到的数据和星图，面对可能出现人造卫星的天空，找到星图上的星，然后根据这些星，确定人造卫星运动的轨迹。接下来就是寻找人造卫星。有些是慢慢变亮，才能被观测到；有些则是突然变亮，让你眼前一亮。人造卫星出现在视野中时，要记下其出现的时刻和位置。继续观测，直至视野所不及，记下其消失的时刻和位置。如果能在星图上画下它运动的实际轨迹则更好。对于不同的人造卫星，预报的准确度很不一样。

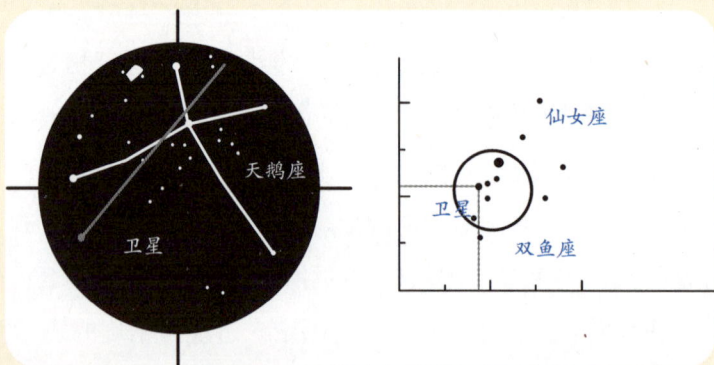

在星图上可量出卫星的赤经和赤纬

活动步骤

方法二：拍摄人造卫星

拍摄人造卫星一般不需要望远镜等专业设备。运用家用数码相机，使用广角端，再配上一部三脚架，就可以拍摄到较亮的人造卫星了。

在预报的时刻之前做好以下准备：将相机固定在三脚架上，镜头指向人造卫星即将出现的天空方位，焦距设置成最大，手动调整相机的曝光时间，一般设置在30秒左右。

人造卫星照片

拍摄时如用手按下快门，很容易产生抖动，影响照片的质量。可以使用自拍模式，这样按下快门几秒钟后才开始曝光，整个拍摄过程会十分稳定。

拍摄的照片上，星空背景基本不变，人造卫星会拉出或长或短的线，很容易就可以把它识别出来。记录在照片上的观测就更加客观和准确了。

通过人造卫星的照相观测，大家从中获得的主要是观测经验和乐趣。在取景时如果加入适量的地景或人物，会使照片更加完美，也更具有纪念意义。

检测与评估

❶ 已知观测地的经度为东经115°54′13″，纬度为北纬40°17′02″，请问在2007年2月12日晚，在此观测地是否可观测到国际空间站？

❷ 用自己的望远镜，实际跟踪观测国际空间站，你需要同时调整几个手轮，才能跟踪上它？

❸用照相机在市内拍摄国际空间站时，曝光时间越长越好吗？请分析原因。

❹在某晚21时10分15秒看到一颗卫星（见右图），请计算该卫星的赤经和赤纬。

资料与信息

❶人造天体入门. 天文爱好者［J］. 2007,（3）.
❷人造卫星查询网站：http://www.heavens-above.com
❸人造卫星查询网站：http://www.calsky.com

提示与答案

阅读与思考

思考1：略。

实践与思考

思考2：略。

检测与评估

❶可以，在19时左右出现。

❷一般需要同时调整两个手轮才能跟踪上。

❸不是。曝光时间越长，天空光背景会累积得更亮，反而可能从照片中找不到目标。因此曝光时间一定要经过实际试验后再确定，并不是越长越好。

❹从图中可知：卫星从猎户α（赤经5h54.4m，赤纬+7°24′）和猎户γ（赤经5h24.2m，赤纬+6°20′）的1/4处经过。可以按照比例法求得：

该卫星赤经 $\alpha = 5h54.4 - 1/4(5h54.4m - 5h24.2m) = 5h46.8m$

该卫星赤纬 $\delta = 7°24′ - 1/4(7°24′ - 6°20′) = 7°08′$

青天坠长星 8

我们不想把天空评说，我们对天空也会很快厌倦，因为不是任何一粒尘埃都闪耀着神的火焰。

阅读与思考

晴朗的夜晚，注视天空，偶尔会看见流星，它们通常是单个的、偶然出现的，在夜晚一个目视观测者平均每小时大概可以看到10颗流星。它们是从哪里来的？真的是天上的星星掉下来了吗？

事实上，太阳系内除了太阳、八大行星及其卫星、彗星等天体外，在行星际空间还存在着大量的尘埃微粒和微小的固体块，它们也围绕着太阳运动。在接近地球时，地球引力的作用会使其轨道发生改变，这样它们就有可能穿过地球大气层。当地球穿越它们的轨道时也有可能使微粒进入地球大气层。这些微粒与地球的相对运动速度很高，因为与大气发生剧烈摩擦而燃烧发光，在夜间天空中表现为一条光迹，这种现象就叫流星。它一般发生在距地面高度为80~120千米的高空中。流星中特别明亮的称为火流星，造成流星现象的微粒称为流星体。

流星体的质量一般很小，例如，产生5等亮度流星的流星体直径约0.5厘米，质量为0.06毫克。肉眼可见的流星体直径在0.1~1厘米之间。大部分流星体在进入大气层后都会变为气体，只有少数大且结构坚实的流星体才能因燃烧未尽而有剩余的固体物质降落到地面，这就是陨星，也叫陨石。

流星有亮有暗，最亮的犹如闪电，颜色也千差万别，红、绿、蓝、黄等，五彩缤纷。流星通常不会发出人耳可以听见的声音。如果你没有看到它的话，它就会悄无声息地一扫而过。流星有时会在它通过的轨道上留下一条持久的余迹。余迹的主体颜色多为绿色，持续时间通常为几秒到几十秒不等。余迹亮度一般下降得非常快。

思考1：余迹的持续时间是否很长？

据估算，每年降落到地球上的流星体总质量约有20万吨。这是否会使地球不断变"胖"呢？答案是否定的。地球质量约为6×10^{21}吨，流星体下落在50亿年时间内增加的总量约使地球质量增加了1/20 000，相当于体重200斤的大胖子增加0.1两，实在是微不足道！

有时候，在天空某一区域某一段时间内，流星数目会明显增多，每小时会出现几十颗甚至更多的流星，看上去就像下雨一样，这种现象称为流星雨。特别大的流星雨称为流星暴。如1833年狮子座流星雨出现时，每小时多达35 000颗（约每秒10颗），景象甚为壮观。流星雨是一大群流星体闯入地球大气的结果，这种成群结队的流星体称为流星群。

流星群的各个成员在空间的运动轨道基本上是彼此平行的。由于透视的

原因，在地球上看来，由流星群造成的流星雨仿佛都从同一点向外辐射出来，这一点称为流星雨的辐射点。大多数流星群即以辐射点所在星座或附近的恒星命名，如狮子座流星群、宝瓶座 δ 流星群等。

通常认为流星雨的出现与彗星有关。彗星是太阳系内一类奇特的天体，它在远离太阳的时候表现为一颗彗核，直径几千米或更大一些。它一旦接近太阳，在太阳辐射的作用下，彗星核物质的气化会形成巨大的彗发和长长的彗尾。流星群便来源于彗星散射出来的物质碎粒或是瓦解了的彗核。

地球每年都要穿过许多彗星的轨道。如果该轨道上存在流星体颗粒，便会发生周期性的流星雨。当每小时出现的流星超过 1 000 颗时，即称为流星暴。当然，流星雨和流星暴之间并没有严格的界限。天文学家现在已经确定，形成狮子座流星雨的母体彗星是 1866 年发现的坦普尔·塔特尔彗星。

一些主要的流星群

名　称	可见日期	出现率极大日期	有关彗星
天琴座流星群	4 月 20 日～4 月 24 日	4 月 22 日	1861 I
宝瓶座 η 流星群	5 月 2 日～5 月 7 日	5 月 5 日	哈雷
宝瓶座 δ 流星群	7 月 22 日～8 月 1 日	7 月 31 日	无
英仙座流星群	7 月 27 日～8 月 16 日	8 月 12 日	1862 III
猎户座流星群	10 月 17 日～10 月 25 日	10 月 21 日	哈雷
金牛座流星群	10 月 25 日～11 月 25 日	11 月 8 日	恩克
狮子座流星群	11 月 16 日～11 月 19 日	11 月 17 日	1866 I
双子座流星群	12 月 7 日～12 月 15 日	12 月 14 日	无

流星是出现在大气层内的现象，它对人类活动有一定的影响。

1. 可能对航天器造成威胁。流星群颗粒大都很小，但速度极高。以 1998 年的狮子座流星雨为例，流星群颗粒相对地球的运动速度为 71 千米/秒，是子弹速度的 100 倍。如果较大的颗粒或结构较坚实的颗粒高速撞击人造卫星或其他航天器，很可能会造成严重后果，如探测器损坏、太阳能板受损，甚至整个航天器被击毁等。历史上已经有过这类事件发生，如1993年英仙座流星暴发生时，欧洲航天局的Olympus卫星因遭到了一颗流星体的撞击而一度失控。

2．大批流星群颗粒闯入地球大气造成的电离效应，可能使远距离电波通信发生异常。

3．大批流星体尘埃散入地球大气，提供了额外的水汽凝结中心，会使云层和雨量增大。

实践与思考

活动 ① 流星雨的目视观测

活动准备

对于流星的观测，最直接和有效的方法，也是最经典的方法就是目视观测。人类的眼睛比大多数的观测设备都要灵敏，且基本不需要成本投资，应该好好加以利用。

活动步骤

我们所说的观测流星，一般是指观测特定群的流星。区别流星的归属是观测中的首要问题。那些运动轨迹的反向延长线不经过辐射点的流星被称为群外流星，不是我们观测的目标。

那么，是不是从这个星座出来的所有流星都是群内的呢？只有那些反向延长线精确地经过辐射点的流星才是群内的吗？不是的。

流星雨的辐射点一般并不是几何学上的一个点，而是天空中一定范围内的圆形区域，这个区域的直径一般很小，约为太阳视直径的10倍。只有流星轨迹的反向延长线经过这个范围以内，它才可能是群内的。另外，辐射点的位置也是运动的。观测前最好查看一下星图，熟悉当天辐射点的位置，以便观测时确定流星的归属。

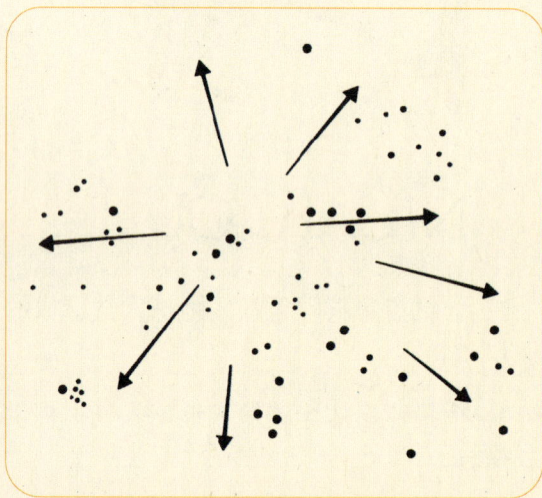

亮度是流星的重要指标之一，也是我们目视观测时需要记录的重要内容。记下你所看到的所有群内流星的亮度，至少精确到1等。

判断流星亮度，可以采用与天空中的星相比较的方法：在观测之前，需要事先熟悉天空中一些著名亮星的星等，下表中列出了一些亮星的星等。在观测中，当出现流星时，和这些亮星进行比较，就可以估计出流星的亮度了。

常见的亮星星等

星名	满月	新月	金星	木星	天狼星	大角星 参宿七	天津四 北河三	北极星	狮子座 ε	狮子座 μ
星等	−12	−6	−4	−2	−1.5	0	1	2	3	4

活动步骤

　　如果你坚持观测流星，慢慢就可以对流星星等的确切值有一个感性的认识，有的天文爱好者对流星亮度的判断甚至可以精确到 0.5 星等。

　　要注意，用来作亮度比较的星，应该尽量与流星出现的方向一致。这样，流星和比较星出现在同一视野中，便于比较。同时，影响我们对流星亮度估计的天空状况等也需尽量保持一致。一般情况下，要记录自己看到的每个流星的亮度，不要只记录亮于某个星等的流星，除非出现了流星暴。

　　在开始正式观测前，必须让眼睛充分适应黑暗的环境，这至少需要 20 分钟。观测中如果需要照明，应尽量使用暗的光源，如果选用手电，需要包上红布。强光刺激眼睛后，应该立即停止观测，等眼睛完全适应后再开始。

思考 2：观测流星多长时间后就需要休息？

活动步骤

　　观测中应尽量记录每个流星的情况，包括其出现的时刻。数据表格中必须要记录的有：每个时间段内流星的数目以及它们的星等分布。流星的计数十分重要。

　　计数的方法有很多，观测中可以只记录每个时间段开始和结束的时间，以及该时间段内出现的每颗流星的亮度，观测结束后再进行整理。

思考 3：我和同学共同目视观测流星并记录，这样做是否合理？

活动步骤

　　目前人们最常采用的是录音记录的方法。这种记录方法的好处是，在记录时，不影响眼睛继续观测。可以准备一个可声音报时的闹钟或手表，能省去你低头看表的时间，避免错过流星。这样，也可以随时记录时间段起止的报时声，便于事后整理数据。

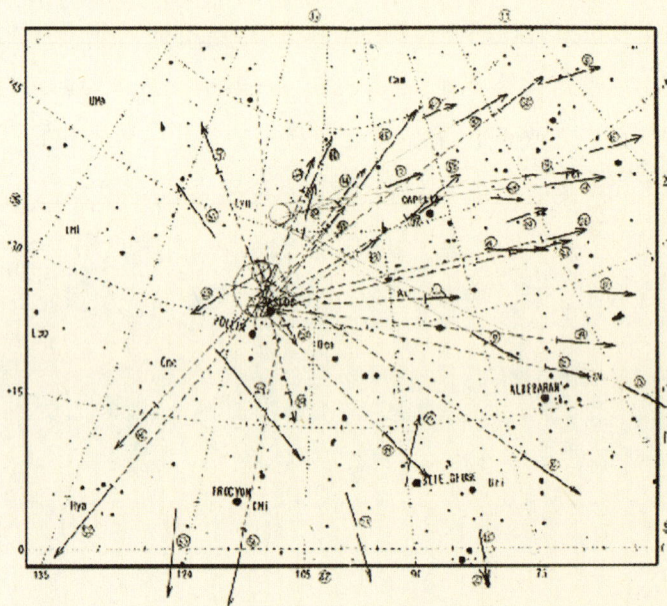

目视流星观测草绘图

经过认真的目视观测后，接下来需要整理记录，填写流星目视观测报表并上报。流星观测报表有几种，最常采用的格式是国际流星组织 IMO 的报表。报表填写完毕后，应尽快发送给国际流星组织，以免错过专家利用这些数据对流星群进行初步分析的最佳时间。

活动 2　流星雨的照相观测

目视观测流星雨是目前最有效和最普及的方法。但是，如果能用相机记录下那令人兴奋的场面，留作永久的纪念，那该多好啊！另外，从流星的照片上还可以分析流星的组成、运动方向、速度等特性，有着极高的科学研究价值。因此，拍摄流星是流星观测中的又一个重要方法。

活动准备

拍摄流星的地点，最首要的是有足够黑暗的天空。一定要在远离城市光害污染的地方，否则，只会浪费时间和胶卷。另外，拍摄场地要足够开阔，以使你的相机可以在没有任何物体遮挡的情况下，随时指向最便于观测的天区。因此，在进行实际拍摄前，一定要预先考察场地的情况，及早做好准备。

无论什么类型的相机，只要是带有"B"门或"T"门的机械快门相机均可用于拍摄流星。拍摄流星需要长时间曝光，不像一般的人物或风景摄影那样，电子快门相机中的电池无法满足这一要求，所以一定要选用机械快门相机。

相机镜头视角越广，越有可能拍摄到更多的流星。另外，由于流星运动速度很快，要在流星出现的瞬间记录下它的轨迹，要求光圈越大越好。实践证明，凡视场在几十度以上，最大光圈在$f/4$以上的镜头都可以用来拍摄流星。

全天域流星摄影组

思考4：拍摄流星时，是否要在相机镜头前加上滤光片？

活动准备

　　拍摄流星时要准备一个牢固的三脚架和一个可以自由锁紧的快门线。轻便的三脚架不易放稳，不能直接使用，但你可以在上面挂一些重物使之牢固，以抵御风的干扰。另外，在镜头前最好加上遮光罩，以防止杂光的干扰。

活动步骤

　　拍摄流星时，采用固定摄影即可。因为固定摄影需要的设备简单，也没有很多技巧上的要求。把相机安装在牢固的三脚架上，对准要拍摄的天区，焦距设定为最大值，快门设为B门或T门，用快门线锁定之后，就可以开始拍摄流星了。拍摄过程中不要触碰三脚架或相机，也不要在镜头前走动，以免影响成像效果。

　　对于有科学价值的流星固定摄影来说，5~15分钟的曝光量比较合适。然而，如果你想有所创新，拍摄流星的艺术照，就没有固定的规则了，需要综合考虑环境、天空因素，以不使底片产生灰雾为准。但曝光时间应在1分钟以上，否则底片无法感光饱和，洗出的照片颜色容易发灰。

思考5：有月光时，拍摄流星的曝光时间是否可以缩短？

活动步骤

　　要想获得一张以流星为题材的好作品，选地景也是很重要的一个环节。

如果选择一些树景、山水景色、古迹，甚至天文台圆顶、射电天线阵等作为地景，加上个人巧妙的构图创意，拍摄出来的流星照片一定会十分漂亮。

有些明亮的火流星划过天空之后，会留下明显的烟雾状余迹，在空中持续相当长的一段时间，并且其形状在大气层中气流的作用下千变万化，给人留下十分深刻的印象。拍摄流星余迹及其变化过程，不仅有欣赏价值，而且对于分析大气层的运动变化也有一定的科学意义。

拍摄余迹时采用固定摄影即可。一旦发现流星过后出现了明亮的余迹，便马上将相机对准它，固定好三脚架，开始曝光，方法与前面介绍的相同，但曝光时间不宜太长，控制在1~5分钟为益。若曝光时间太久，余迹形状会发生变化，照片上将模糊一片，使相机无法捕捉到余迹美丽的身姿变化；若曝光时间太短，则颜色无法饱和。最好采用连续拍摄的方法，每次曝光几分钟，以表现余迹形状连续变化的过程。

另外，为使流星摄影具有一定的科学研究价值，还可以进行流星的异地同步拍摄，以及以相机前加旋转快门的方式拍摄等，通过这样的拍摄可以从得到的照片中计算出流星的高度、速度等数据。

不要忘记在每张相片的背面写上必要的参数，例如：拍摄者姓名、拍摄时间、拍摄地点、曝光起止时刻、镜头数据、胶卷类型等。

狮子座流星（彗星状）余迹（摄于1998年）

　　因此，要想拍得佳作，必须要有长时间等待的精神，尤其是在隆冬季节进行拍摄，是对观测者毅力和体力的极大考验。总之，拍摄秘诀是：成功 ＝ 天气 ＋ 运气 ＋ 毅力。

检测与评估

❶流星和陨星是一回事吗？

❷你观测过流星雨吗？流星雨给你留下了什么印象？

❸在流星雨期间，试着到郊外用照相机拍摄星空，看看是否可以拍下流星。照片上的流星和你亲眼看到的流星有什么不一样？

资料与信息

① 徐品新，欧阳天晶. 探索流星暴雨之谜［M］. 武汉：武汉大学出版社，2001.

② 洪韵芳. 天文爱好者手册［M］. 成都：四川辞书出版社，1997.

③ 刘学富，李志安. 我爱天文观测［M］. 北京：地震出版社，1999.

提示与答案

阅读与思考

思考1：略。

实践与思考

思考2：略。

思考3：略。

思考4：略。

思考5：略。

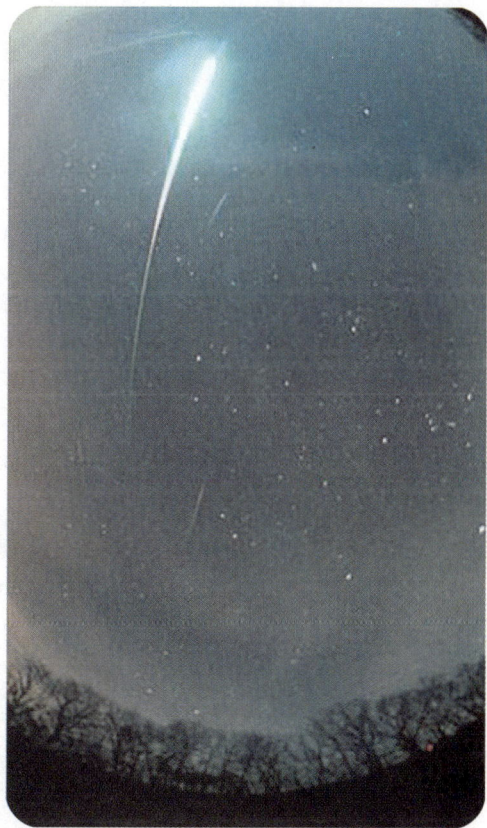

检测与评估

① 略。

② 提示：不妨每年的夏天去观测英仙座流星雨，冬天则观测双子座流星雨。

③ 略。

9 天外来客
TIANWAILAIKE

我陨自高天之上，带着星光与火光。如今横在青草中，扶我起来谁相帮？

阅读与思考

在太阳系的浩瀚空间内，有着数不尽的大小天体。经过数十亿年的运转，一些天体最终与地球相遇，冲进地球的大气层，和大气摩擦燃烧，那些没有烧完而坠落到地面上的残余物质，称为陨星或陨石。

古代，中国人认为陨石是凶兆，意味着灾祸即将来临，所以非常重视它们的记录，古代共有五百多次的陨石降落的相关记录。最早的是在公元前645年12月24日河南商丘的一次记载（《春秋》）："十有六年春，王正月戊申朔，陨石于宋五。"但更为详细的是北宋科学家沈括在《梦溪笔谈》中的记载。

治平元年（1064年），常州日禺时，天有大声如雷，乃一大星，几如月，见于东南。少时而又震一声，移著西南。又一震而坠在宜兴县许氏园中。远近皆见，火光赫然照天，许氏藩篱皆为所焚。是时火息，视地中有一窍如杯大，极深。下视之，星在其中，荧荧然。良久渐暗，尚热不可近。又久之，发其窍，深三尺余，乃得一圆石，犹热，其大如拳，一头微锐，色如铁，重亦如之。州守郑伸得之，送润州金山寺，至今匣藏，游人到则发现。

在西方，人们长期受古希腊哲学家天体静止观点的影响，在很长时间内一直认为陨石是地球上的物质，因此把陨石叫做"meteor"（这个词在希腊语中的意思是"大气里的东西"）。

1803年初，法国艾格黎地区下了一场陨石雨。同年4月，物理学家比奥向法国科学院提交了一份关于这场陨石雨的详细报告。法国科学院这才相信天上真的会有石头落下来。

20世纪下半叶，人类对于陨石的研究转移到了太阳系形成和生命起源等领域。科学家试图通过研究陨石这种太阳系中年龄最古老、变化最小的物质，来了解40多亿年前太阳系的活动状态，重现太阳、地球以至整个太阳系诞生时的情景，从而揭开太阳系形成和人类生命起源的谜团。

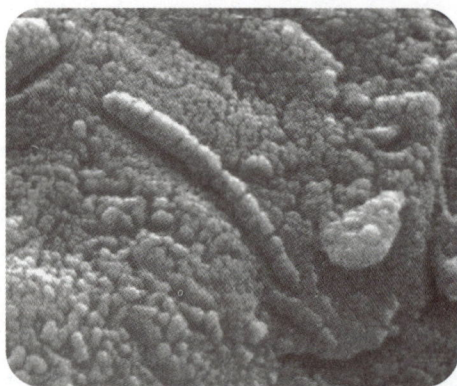

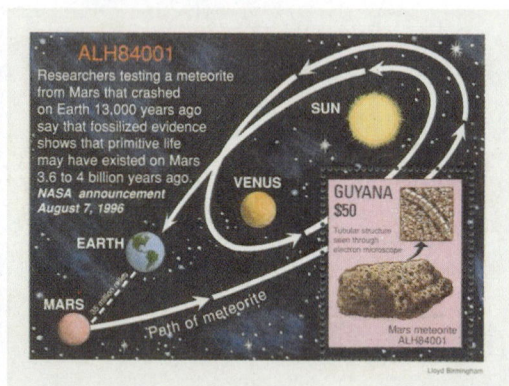

ALH84001火星陨石中的生命体

虽然会有陨石落到地球上，但是真正会对人类造成伤害的并不多。原因有两点。一是地球上的陆地面积仅占地球总面积的29.2%，而人口密集地区相对所占的比例就更少。这样就大大降低了人类遭遇陨石的几率。二是自有人类历史以来，与地球遭遇的陨石体积都不大，加之其进入大气层后，高速运动引起其剧烈燃烧而分解，将其个体化为更小。

陨石在地球大气中运行极快，速度高达200千米/秒，和大气的摩擦，会产生约一两千度甚至上万度的温度，使流星体表面熔化和汽化，并发出强光。由于流星体高速飞行的过程中，其后方处于真空状态，前方气体向后压缩，会产生较大的啸声，于是人们会听到震耳的轰隆巨响。有些大陨石在下落过程中会发生爆裂，分裂成许多小块，一齐飞流直下，宛如暴雨和冰雹，人们称之为陨石雨。

根据陨石内部铁镍金属含量的高低可将陨石分为三大类：石陨石（也叫陨石，主要成分是硅酸盐）、铁陨石（也称陨铁，铁镍合金）、石铁陨石（也叫陨铁石，铁和硅酸盐的混合物）。石陨石中的铁镍金属含量小于等于30%；石铁陨石的铁镍金属含量在30%~65%之间；铁陨石中的铁镍金属含量一般比较高。

1. 石铁陨石

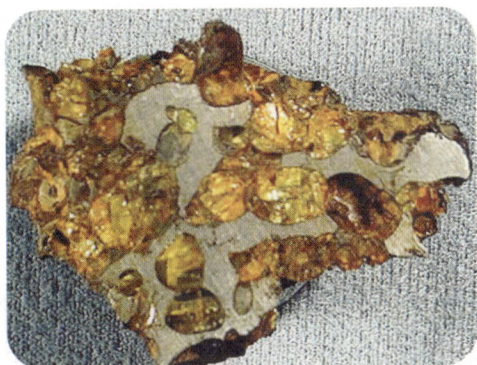

石铁陨石由铁、镍和硅酸盐矿物组成，铁镍金属含量30%~65%，这类陨石约占目前收集到的陨石总量的1.2%，商业价值最高。著名的石铁陨石是山东莒南的"铁牛"，长1.4米，质量3.72吨，居世界石铁陨石之首。根据内部的主要成分和构造特点，石铁陨石可分为：橄榄石石铁陨石、中铁陨石、古铜辉石－鳞石英石铁陨石。

2. 石陨石

石陨石由硅酸盐矿物如橄榄石、辉石和少量斜长石组成，也含有少量金属铁微粒，有时其含量可达20%以上，其密度为3~3.5克/厘米^3。石陨石约占目前世界上收集到的陨石总量的95%。1976年3月8日15时，吉林地区东西12千米，南北8千米，总面积约500平方千米的范围内，降了一场世界罕见的陨石雨。在此，科学家所收集到的陨石有100多块，最大的1号陨石质量1 770千克，名列世界单块石陨石重量之最。

石陨石及切片石陨石

根据陨石内部是否含有球粒结构，石陨石又可分为两类：球粒陨石和无球粒陨石。根据氧化钙含量的高低，无球粒陨石又可分为贫钙无球粒陨石和富钙无球粒陨石两大类。

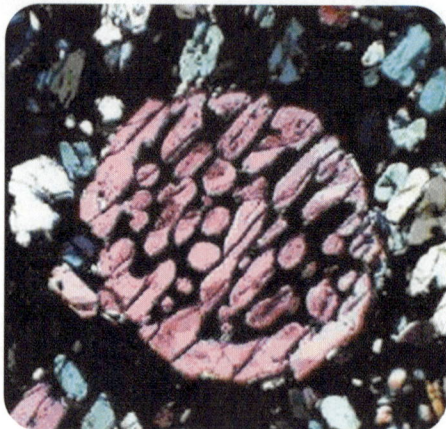

球粒陨石中的球粒

吉林1号陨石（1 770千克）

3. 铁陨石

铁陨石数量约占陨石总量的4%，主要由铁和镍组成，此外，还含有钴、磷、硅、硫、铜等元素。铁陨石的密度较大，约为8~8.5克/厘米³。

　　铁陨石的外表裹着一层1毫米厚的黑色或褐色的氧化层，称为熔壳。其外表上还有许多大大小小的圆坑，叫做气印。此外，还有形状各异的沟槽，叫做熔沟。这些都是由于陨石在陨落过程中与大气剧烈摩擦而产生的燃烧形成的。铁陨石的切面同纯铁一样，十分明亮。

铁陨石及切面

位于纳米比亚的世界上最大的Hoba铁陨石（质量约60吨）

　　思考1：除上述三大类陨石外，还有没有其他类型的陨石？

实践与思考

活动 ① 陨石的鉴别

活动步骤

① 外表熔壳：陨石在陨落地面之前需要穿越稠密的大气层，陨石在降落过程中与大气发生摩擦产生高温，使其表面发生熔融而形成了一层薄薄的熔壳。因此，新降落的陨石表面都会有一层黑色的熔壳，厚约1毫米。

② 表面气印：由于陨石与大气流之间的相互作用，陨石表面还会留下许多气印，就像用手指按下的手印。

③ 内部金属：铁陨石和石铁陨石内部是由金属铁组成的，这些铁的镍含量很高（5%~10%）。球粒陨石内部也含有金属颗粒，在其新鲜的断裂面上能看到。

④ 磁性：大多数陨石中都含有铁，所以95%的陨石能被磁铁吸住。

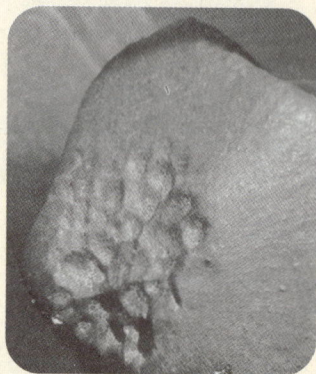

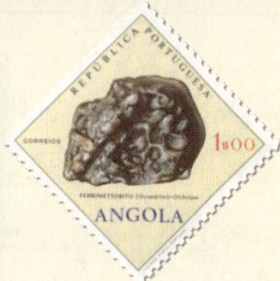

活动步骤

⑤ 球粒：大部分陨石是球粒陨石（约占总数的90%），这些陨石中有大量1毫米大小的硅酸盐球体，称为球粒，在球粒陨石的新鲜断裂面上能看到。

⑥ 密度：铁陨石的密度为8克/厘米³，远大于地球上一般岩石的密度。球粒陨石含有少量金属，其密度也较大。

思考2：还有没有其他的鉴别方法？

活动 ❷ 陨石的发现、保护和收藏

活动步骤

方法一：从网上或藏石市场上发现并收集

通过这一途径获得的陨石价格昂贵，尤以石铁陨石、石陨石为贵，其每克比黄金贵几倍甚至百倍。

方法二：现场采集

通过相关渠道（天文馆/地质馆/地质研究所）得到消息，或听说哪里有特大火流星就去哪里寻找。这种方法比较辛苦，而且需要有一定的专业知识。

现场的发现与保护需要做到以下几点：

❶ 现场拍照，不随便乱走，以免破坏现场原貌。

活动步骤

小陨石坑

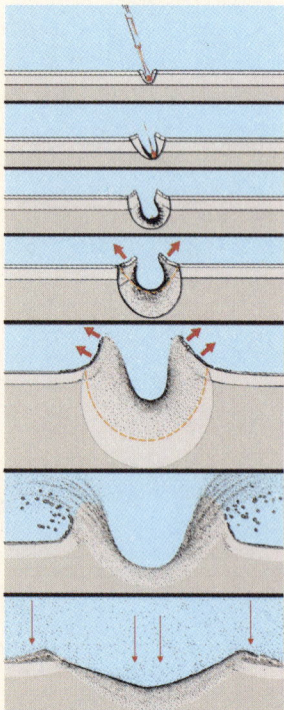
形成陨石坑原理图

❷有陨石坑的，需要测量它的方位、直径大小、辐射区大小、坑唇大小、深度、坡度、坑口擦痕大小等，并进行记录，最好画一张陨石坑及其周边的地形图。

❸取陨石时动作要轻，取出后可暂时放在有棉垫的盒中，并固定好它使其无法移动（尤其要小心石质陨石，以免其破碎）。

坑中小陨石

❹收集陨石后回到住所，将陨石干燥后放在绝氧真空的玻璃柜或盒中保存（贴好标签，一般以发现地命名）。有些爱好者为能看到陨石全貌，特制了一些陨石支架（收集铁陨石时推荐使用）。

思考3：为什么陨石要收藏在真空绝氧、干燥的地方？

检测与评估

1 看图简易辨陨石。

2 查查相关书籍，球粒陨石是什么？

3 到陨石陨落现场后，直接开挖是否正确？为什么？

资料与信息

1 叶叔华　天文学词典［M］．上海：上海辞书出版社，1986．

2 中国科协青少年工作部，团中央宣传部．青少年科技活动全书——天文分册［M］．
北京：中国青年出版社，1985．

3 卡尔·萨根．宇宙［M］．北京：海洋出版社，1989．

4 C. 弗马里翁．大众天文学［M］．桂林：广西师范大学出版社，2003．

5 北京天文馆：http://www.bjp.org.cn

 提示与答案

阅读与思考

思考1：略。

实践与思考

思考2：略。
思考3：略。

检测与评估

① 石陨石　石铁陨石　铁陨石

② 球粒陨石是最丰富的一类陨石。它有球粒结构，球粒之间有比较细小的基质物质。

③ 略。

松散的光芒

SONGSANDEGUANGMANG

10

你是凉爽的花园和平台的女郎，是我故乡城塔上出现的女郎，鸟儿们把你的双眸从嘴里带到山后，像五月的风偷走你的丝带，对你，羞红了脸的彗星啊！我们的灵魂也和你一样，像一团丝线慢慢散开。

阅读与思考

一、认识彗星

它面貌古怪，长着毛茸茸的脑袋，还常常拖着各种各样的大尾巴。它行踪诡异，来去匆匆，常令人们迷惑甚至惊恐不安。它看似巨人，体积巨大，却是太阳系中最小的成员。它来自太阳系的边缘，却带给我们许多遥远天际的信息。它就是彗星——太阳系最奇异的天体。

彗星出没无常，形态奇特，变幻莫测，很早就受到了人们的关注。古人认为天象可以预言人事，无论中外，都认为彗星这种奇异的天象预示着灾难，因而称其为"妖星""灾星"。由于彗星大多拖着长长的彗尾，好像一把扫帚，中国古代也称其为"扫帚星"。

正因为古人相信彗星预示灾难，所以，很久以前，就有关于大彗星出现的文字甚至图形记录了。这些记录为现代人研究彗星的起源和演化，乃至历史断代和重要历史事件等都提供了重要依据。

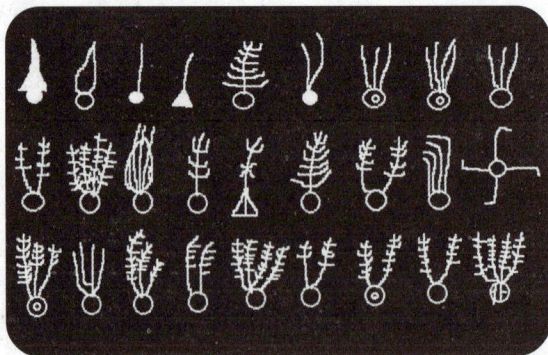

我国古代称彗星为"星孛"，《春秋》中记载了鲁文公十四年（公元前

613年）出现的大彗星："秋七月，有星孛入于北斗。"这一记录过去一直被认为是世界上关于哈雷彗星的最早的可靠记录。

中国商周时期的历史断代，就是历史学家和天文史学家们根据武王伐纣时有关大彗星出现的描述，推算出准确年代的。

关于武王伐纣的确切年代，历史学家说法不一。我国已故的著名天文学家张钰哲教授于1978年与助手张培瑜合作，用计算机推算哈雷彗星的回归时间，上溯三千年后，发现公元前1057年至公元前1056年，哈雷彗星确曾回归，正合《淮南子·兵略训》所载："武王伐纣，东面而迎岁，至汜而水，至共头而坠，彗星出，而授殷人其柄，时有彗星，柄在东方，可以扫西人也。"接着，又在《洪范篇》等古籍中找到武王伐纣时"岁在鹑火"的记录。岁指木星，鹑火为黄道十二之一，相当于狮子宫，经推算得出，公元前1057年确实"岁在鹑火"。双重的核证，一方面证实了武王伐纣的准确年代应为公元前1057年，另一方面也证实了武王伐纣时出现的彗星正是哈雷彗星。这一研究结果将哈雷彗星的观测记录历史向前推了500多年。至清代末期，我国史书中记载的彗星多达500余次。

在西方，古希腊学者认为，彗星是地球大气中的现象，不是真正的天体。后来，丹麦天文学家第谷认为1577年出现的大彗星距离地球要比月亮距地球远。从此，人们终于认识到它是一种天体。

第谷

哈雷

　　1705年，著名的英国天文学家哈雷注意到1531年、1607年、1682年的几颗彗星具有相似的轨道，且周期在76年左右，他大胆断言这是同一颗彗星，并且预言1758年这颗彗星会再次出现在世人面前，结果他对了！1758年，这颗彗星果然出现在哈雷所预言的轨道上。世人为了纪念他的伟大预言，将此彗星命名为哈雷彗星。

哈雷与牛顿谈论彗星的相似轨道

哈雷墓碑上的彗星

哈雷纪念银币

　　在西方，人们认为哈雷彗星与其历史有着千丝万缕的联系。其中最著名的要数1066年的哈雷彗星，历史记载：诺曼人由一颗彗星引领着入侵英国，入侵胜利者威廉的妻子玛蒂尔达将这颗彗星、她的臣民，以及惊慌失措从宝座摔下来的哈罗德二世，均织在著名的巴约城的绣毯上，以纪念这一胜利的时刻。

巴约城的绣毯的全貌及依其发行的邮票

二、彗星的科学分类

彗星是根据其轨道的形态分类的。

彗星和太阳系中其他许多天体一样，都是在太阳引力的作用下绕日运行的。但是，彗星的轨道不全是椭圆的，也有抛物线和双曲线轨道。

有着椭圆形轨道的彗星是周期彗星。周期在200年之内的称为短周期彗星，周期超过200年的称为长周期彗星。

轨道为抛物线或双曲线的彗星，只接近太阳一次，永不复返，称为非周期彗星。

除太阳引力外，影响彗星运动的还有各大行星的引力，其中影响最显著的是木星。大行星的引力作用会缩短或延长一颗彗星的周期，有时甚至会改变彗星的轨道，使周期彗星变成非周期彗星，或将非周期彗星俘获成为周期彗星。

思考1：哈雷彗星是哪一种轨道的彗星？

三、彗星的形态和结构

彗星是形态最为奇异的小天体，它由彗头和彗尾两大部分组成。彗头又可分为彗核、彗发和彗云（亦称氢云）三部分。彗核是彗星的主体部分，直径一般为1~10千米。如同许多天体，彗核也有自转运动。

1949年，美国天文学家惠普尔提出了彗核的"脏雪球模型"，认为彗核是由冰和尘埃冻结在一起的团块，并认为彗核的主要化学成分是氧、碳、氢、硫、碳氢基、氨基、水、一氧化碳、二氧化碳等。1986年，对哈雷彗星的空间探测证明，其"脏雪球模型"是正确的。

脏雪球模型

惠普尔

远离太阳时，彗星只有一个彗核，亮度很低，从光谱分析可知，其是反射的太阳光。当彗星运行到距离太阳几个天文单位时，逐渐产生了彗发、彗云，其亮度也开始迅速增加。光谱分析表明，彗发是由组成彗星的固体物质（彗核）突然变热升华而形成的包围着彗核的气体云。这时的彗星已经不仅反射太阳光，太阳光中的紫外线也激发了彗发和氢云中的气体使其发光，彗星的亮度快速增加。

彗发的直径与距离太阳的远近密切相关，最大可达数十万千米，彗云直径可达100万~1 000万千米。

当彗星进一步接近太阳时，彗星被太阳光加热，其表面的冰升华为气体，形成尘埃彗尾。距离太阳更近时，气体会被电离为离子，这些被电离的气体在太阳风的作用下，形成等离子体彗尾。

等离子体彗尾一般呈蓝色；尘埃彗尾一般呈黄色。

从形态上看，彗尾可分为Ⅰ、Ⅱ、Ⅲ三类。

Ⅰ类彗尾较直，细而长，略带蓝色，主要由气体离子组成，被称为"等离子体彗尾"（等离子体是正、负离子混合体，在大尺度上平均呈电中性）。

Ⅱ类彗尾较弯曲且亮而宽，Ⅲ类彗尾弯曲程度最大，又短又宽。这两类彗尾略带黄色，均由尘埃粒子组成，只是Ⅲ类彗尾的尘粒比Ⅱ类的大些，常一起被称为"尘埃彗尾"。

彗尾常常很长，一般在1 000万千米以上，长的彗尾可达1天文单位以上。在太阳光的辐射和太阳风的作用下，彗尾总是朝向与太阳相反的方向。

在近日点附近，彗星显得非常明亮，这不仅是由于它们体积巨大，还因为太阳的紫外光使彗发、氢云和彗尾中的气体在发光。

巨大的彗尾在彗星接近地球轨道时有可能与地球相遇，平均每100年就有一颗彗星的彗尾扫过地球，但它们不会给地球造成明显的影响。

彗星虽然有时体积巨大，但与其他天体相比，其质量却极其微小，即便是密度最大的彗核，其密度也比水小彗发、彗云和彗尾的平均密度则不到地面附近大气密度的十亿亿分之一。因此，除非彗核与地球相撞，否则彗星不会给地球带来任何灾难。

思考2：存不存在无彗尾的彗星？

彗星是太阳系形成时期原始冰体的残留，是太阳和行星的星云中物质的一部分，保存着太阳系原始物质的信息。人类极想获得一块彗星物质的样本来进行分析，以便深入了解太阳系的起源。欧洲空间局在2003年发射了罗赛塔（Rosetta）飞船，它的目标是与短周期彗星会合，以揭示彗星性质及太阳系形成的奥秘。

2005年7月4日，"深度撞击"号探测飞船发出的撞击器成功撞击了"坦普尔1号"彗星，取得了有关彗星的大量信息。

"深度撞击"号成功击中了坦普尔1号彗星

思考3：此次撞击有没有更深层的意义？

四、彗星的起源

每当彗星靠近太阳时，彗核物质蒸发到彗发和彗尾中去，就会有一部分再也回不到彗核上，因此，彗核会逐渐缩小。有时彗核还会爆发，如1846年比拉彗星在通过近日点时，就破裂成了两个，1852年以后则全部消失了。

科学家认为，一般距离太阳只有几个天文单位的彗星会在几千年内瓦解；而大彗星只是表面受到蒸发，寿命会长一些，像哈雷彗星就已经存在了数千年。

因为周期彗星一直在瓦解，所以必然存在着某种产生新彗星以代替老彗星的方式。目前最流行的彗星形成假说有两种，即彗星来源于"奥尔特云"或"柯伊伯带"。在此着重介绍一下奥尔特云。

"奥尔特云"是荷兰天文学家奥尔特提出的。他认为原始的彗星冰核集中在距离太阳2万至15万天文单位的区域中，该区域内大约有200亿颗原始彗

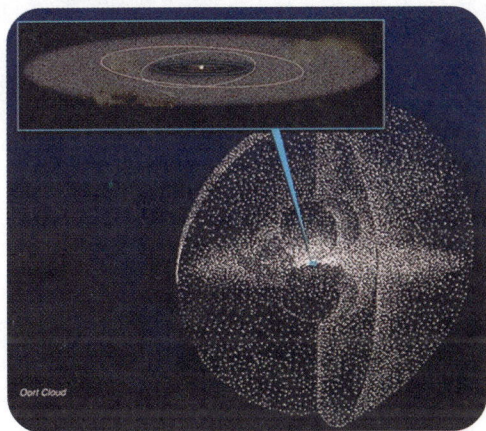

奥尔特彗星形成假说   奥尔特

星。这些彗星都属于太阳系，它们以各种可能的方向绕太阳作轨道运动。

这个概念得到了实际观测的支持，我们可以观测到，非周期彗星以随机的方向沿着非常长的椭圆形轨道接近太阳。随着时间的推移，由于"过路"的恒星给予的轻微引力，可以扰乱遥远彗星的轨道，直至它的近日点离太阳的距离变成小于几个天文单位。

随后，当彗星进入太阳系大行星的轨道范围内时，大行星的引力作用能把非周期彗星转变成新的周期彗星，也可能将它完全从彗星云里抛出。如果这种说法正确，那么过去几个世纪以来有记录的一千颗左右的彗星只不过是

巨大彗星云中很少的一部分样本。

彗星云的总质量目前还不清楚，单个彗星的质量也很不确定。科学家们估计，彗星云的质量在10~13倍的地球质量之间。

虽然这个彗星起源的假说得到了一定的观测支持，但至今还不能给彗星起源下定论。

五、彗星的发现与命名

彗星最大的特征是：它不是一个很确切的点，看上去往往带有比较模糊的轮廓。因此，当你在星空中发现了一个以前没有见过的轮廓模糊的东西时，可以查阅一下星图，在确认这个位置上没有星云一类的天体后，继续追踪观察一段时间，如果它短时间内在星空背景上有移动，就可以断定它是彗星。

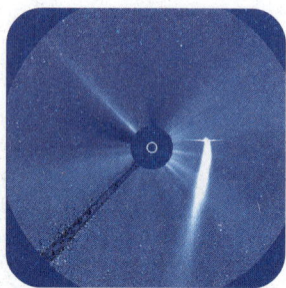

国际上一直很重视对新彗星的发现，早期人类发现新彗星一般是借助望远镜寻找，随着照相技术的发展，天文照片越来越成为发现新彗星的重要手段。SOHO彗星就是从通过太空摄影发送到网络上的照片中发现的掠日族彗星。

20世纪90年代后期以来，更多高科技手段，如太空摄影和网络的应用，使得新彗星正以超过以往数倍甚至数十倍的速度被发现。目前，平均每年可以发现上百颗新彗星。

目前的彗星命名法是国际天文联合会在1995年1月1日开始采用的，即在发现彗星的公元年号后加上代表其所处日期的大写字母（A=1月1日~15日，B=1月16日~31日，C=2月1日~15日…Y=12月16日~31日，I除外），再加上代表其所处的半个月中发现的先后次序的阿拉伯数字，最后加上发现者名字。为了让人们了解每颗彗星的性质，在发现年前还应加上前缀。P/表示短周期彗星；C/表示长周期彗星；D/表示丢失的彗星或者不再回归的彗星；A/表示可能是一颗小行星；X/表示无法算出轨道的彗星。例如，4000年1月10日发现一颗彗星，这是一颗长周期彗星，也是该年1月上半月发现的第50颗彗星，发现者是Tom，则彗星命名为C/4000A50Tom。

由于有时刚发现的彗星被误认为小行星，因此有一些彗星带有小行星的编号，C/2000WM1LINEAR就是这样的例子。

对于确认以后的短周期彗星要加上编号，例如，1号是哈雷彗星，2号是恩克彗星等。如果一颗彗星已经碎裂，那么就要在名字后面加上-A，-B，以便区分每一个碎核。

看到大而亮的彗星是不易的，正如美国著名作家马克·吐温所说的"一生仅遇一次"。

马克·吐温及其名言"一生仅遇一次"

实践与思考

活动 1 目视观测彗星

活动准备

初学者观测彗星应从观测别人已经发现的彗星开始。观测彗星时，适合使用口径大、视场大的望远镜。

《天文普及年历》登载有当年过近日点的彗星信息，《天文爱好者》杂志也登载有彗星的一些最新信息，Starry Night上预置了70多颗周期彗星的资料，都可以供我们参考。

打开Starry Night软件，在Find（搜索）栏中的Comets下，列出了彗星的名称、地平高度、距离等信息，如果彗星在地平线以上，将Name（名称）栏下彗星前的活动框点中，彗星会出现在图上；将Orbit（轨道）栏下的活动框点中，其运行轨道会在图上显示出来。

一般彗星需要通过天文望远镜才能观察，明亮的大彗星可用肉眼观察到。但观测绘图和估测亮度时则需要借助望远镜。

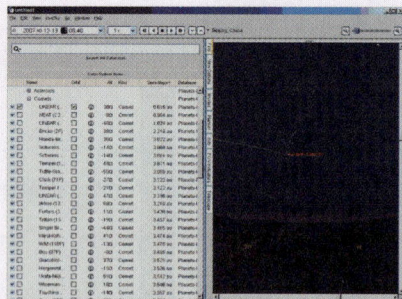

步骤一：估测彗星的亮度

由于彗星不是一个点，而是有一定视面积的，所以，彗星的亮度是整个可见面积的累积亮度。也就是说，一个1等亮度的彗星看起来并不如1等恒星亮。

估测彗头的亮度比较容易，可以用望远镜散焦法进行比较。

选择一颗地平高度与彗星相近、看起来比彗星亮一些、已知亮度的恒星，将其置于望远镜的视场中心，调整焦距，使其成虚像，直到与彗头大小相当。再将望远镜对准彗星聚焦，比较亮度，如果感觉彗星亮，就再选一颗更亮的恒星作比较。当彗星的亮度介于两颗恒星之间时，就可以用内差法测出彗头的亮度。

步骤二：描绘彗星的颜色和形态

通过肉眼或望远镜目视观察彗星的颜色和形态，把所见到的彗星形态和颜色在纸上画出来。

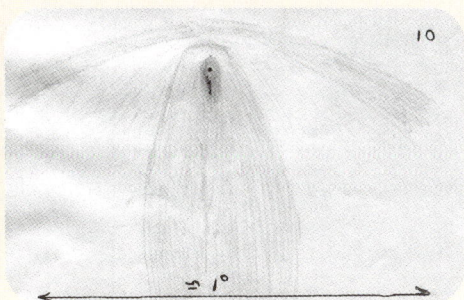

步骤三：彗星轨道的观测

　　如果我们能够在星空中找到彗星，就可以在星图上记录它们的位置变化。1996年百武彗星（Hyakutake）接近地球时，它从北斗星附近一直穿过北极星，运动迹象非常明显，很容易观测到。

活动 ② 彗星摄影

活动准备

　　长焦距照相机、望远镜赤道仪（带照相机架）、快门线、手电筒。

　　大彗星彗头的直径比较大，而且常常有很长的彗尾，要拍摄下它的全貌，一般需要使用长焦距照相机，有时甚至要用到广角镜头。但是，彗星的彗尾物质极其稀薄，亮度很暗，肉眼难以察觉，只有长时间曝光，才能获得好的效果。因为地球自身在自转，长时间曝光摄影时必须使用望远镜的赤道仪跟踪，才能得到清晰的图像，或者可以用多幅数码照片叠加得到。

活动步骤

❶ 将照相机安装在望远镜架上。

❷ 将望远镜极轴对准北天极，固定。

❸ 将望远镜对准彗星（照相机也对准彗星），开启自动跟踪装置（有自动跟踪装置的望远镜），或进行手动跟踪。

❹ 打开照相机快门拍照，同时在望远镜中跟踪彗星。

思考4：固定摄影是否也适用于大而亮的彗星?

活动 ❸ 彗星的星等计算

活动步骤

我们知道，彗星在其运行轨道上的亮度是不断变化的。影响彗星亮度（B）的主要因素有两个：它与太阳的距离（用R或r表示）和它与地球的距离（用D或d表示）。

为了便于比较彗星亮度，国际上规定：当彗星距离

彗星亮度与它和太阳及
地球距离关系示意图

太阳和地球均为一个天文单位时，其具有的亮度称为彗星的绝对星等M。各个彗星的绝对星等是不一样的。利用光的传播定律，可以推导出下面的彗星亮度公式：

（彗星视星等）$m = M + 10\lg R + 5\lg D$

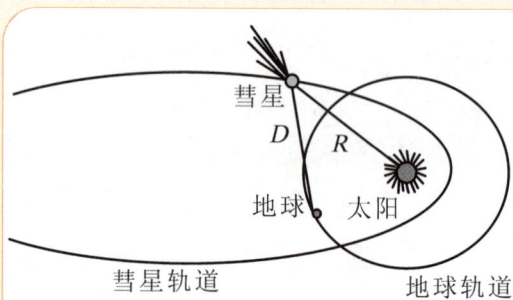

活动步骤

例如：1969g彗星的星历表

时　间	赤　经	赤　纬	D	R	视星等
1970 年 1 月 16 日	23°19′	−23°55′	0.409	0.772	2.9
1970 年 1 月 18 日	23°46′	−28°49′	0.389	0.806	
1970 年 1 月 20 日	0°12′	−20°53′	0.381	0.841	

求：1969g彗星的绝对星等M，以及1月18日的视星等m。

根据（彗星视星等）$m = M + 10\lg R + 5\lg D$，得

$M = 2.9 - 10\lg 0.772 - 5\lg 0.409 \approx 6.0$

1月18日的视星等 $m = 6.0 + 10\lg 0.806 + 5\lg 0.389 = 3.0$

检测与评估

❶ 怎样命名一颗新发现的彗星？

❷ 在《天文普及年历》《天文爱好者》杂志或Starry Night软件上搜索彗星观测信息，制订观测计划，并进行彗星观测。

❸ 用望远镜在星空中搜索彗星，用散焦法估测彗星的亮度，并在星图上描绘彗星的运行轨迹。

❹ 这位中国的"彗星猎手"是谁？右图的彗星叫什么？

❺ 根据本单元活动3所提供的1969g彗星的星历表，计算1969g彗星在1970年1月20日的视星等 m 。

资料与信息

① 卞毓麟. 追星［M］. 上海：上海文化出版社，2007.
② 天文爱好者［J］. 2005，（1）（2）（5）（6）（9）.

提示与答案

阅读与思考

思考1：略。
思考2：略。
思考3：略。

实践与思考

思考4：略。

检测与评估

❶ 略。
❷ 略。
❸ 略。
❹ 他是我国著名的"彗星猎手"——河南开封人张大庆。2002年2月1日晚，在第518次彗星目视搜寻时，他独立发现了一颗大彗星，终于使中国天文爱好者期盼多年的以中国爱好者命名彗星的愿望得以实现。他旁边的图片就是他发现的彗星——"池谷·张彗星"。
❺ $m = 3.2$

精灵闪烁

JINGLINGSHANSHUO 11

我是神的精灵，不息地穿过一切天宇，绕着自由之路前进；我的形象在星空里，隐秘而又显耀；是我创造了众神的隐秘和神圣的灵魂，我不停地闪烁，不断唤起他们离奇的梦想。

阅读与思考

在太阳系中，除了包括地球在内的八颗行星之外，还有许多其他在椭圆轨道上绕着太阳运动的小天体，如彗星和小行星。

小行星位于地球轨道以内到土星的轨道以外的空间中，且大多数小行星集中在火星与木星轨道之间的小行星带里。但是，也有一些轨道特殊的小行星，比如木星轨道的脱罗央群（Trojan Group）小行星，在比海王星离太阳的距离更远的轨道上运行的柯伊伯带天体，以及轨道可以达到地球轨道附近的近地小行星。

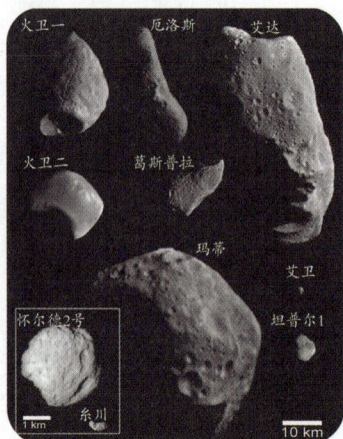

近地小行星

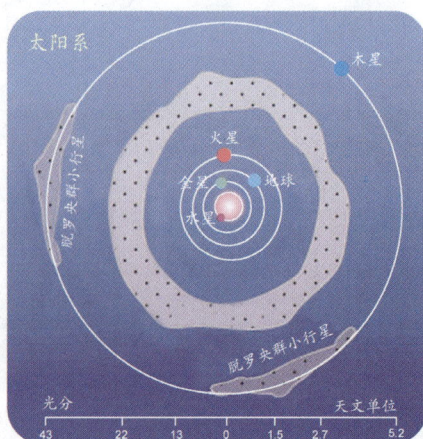

木星轨道的脱罗央群小行星

　　小行星是太阳系形成后的剩余物质。有一种推测认为，它们是一颗在很久以前的一次巨大碰撞中被毁的行星的遗留物，然而这些小行星更像是一些从未组成过单一行星的物质。小行星可大至直径约1 000千米的谷神星，小至鹅卵石一般。直径大于1千米的主带小行星约有上百万颗，但所有主带小行星质量的总和也许只有地球质量的0.4‰。如果将所有的小行星加在一起组成一个单独的天体，它的直径还不到1 500千米——比月球的半径还小。

谷神星与希腊神话中的谷神

　　由于小行星是早期太阳系的遗留物质，科学家们对其成分非常感兴趣。由于小行星质量很小，不会发生地球那样大的变质过程，因而其保留了太阳系形成初期的原始状况，对于研究太阳系的起源有重大价值。例如，通过对小行星轨道的研究，可以测定一些天文常数，研究太阳系的结构和演化。近年来，近地小行星对地球生命的威胁问题逐渐成为小行星研究的一个热点，这使得小行星的研究成为国防的一个重要课题。随着空间技术的发展，小行星也将成为一项越来越重要的太空资源。

　　宇宙探测器经过小行星带时发现，小行星带非常空旷，小行星与小行星之间分隔得十分遥远。1991年以前所获得的小行星数据，仅基于地面的观测。1991年10月，伽利略号木星探测器访问了951 Gaspra小行星，从而获得了第一张高分辨率的小行星照片。

951 Gaspra小行星

思考1：太空探索小行星有何意义？

我们对小行星的了解，很多是通过分析坠落到地球表面的太空碎石而得到的。那些与地球相撞的小行星称为流星体。当流星体高速闯进地球的大气层，其表面因与空气的摩擦产生高温而变成气体，并且发出强光，这便是流星。如果流星体没有完全烧毁便落到地面，便称为陨星。经过对陨星的分析，其92.8%的成分是二氧化硅（岩石），5.7%是铁和镍，剩余部分是这三种物质的混合物。含石量大的陨星称为陨石，含铁量大的陨星称为陨铁。因为陨石与地球上的岩石非常相似，所以较难辨别。

小行星的发现同提丢斯-波得定则的提出有密切联系，根据该定则，在距太阳2.8天文单位处应有一颗行星。1801年元旦，意大利天文学家皮亚奇却在该处发现了第一颗小行星——谷神星。在随后的几年中，同谷神星轨道相近的智神星、婚神星、灶神星相继被发现。

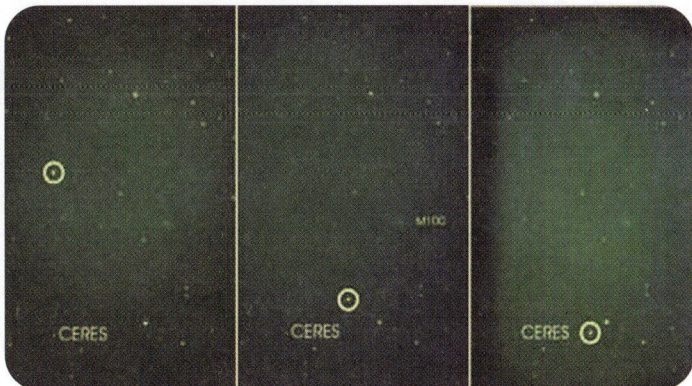

意大利天文学家皮亚奇与发现的第一颗小行星谷神星

　　近年来天文照相术的引进和闪视比较仪的使用，使得小行星的年发现率大增。截至2007年11月21日，小行星中心共给出了小行星暂定编号735 942个，其中已有171 475颗小行星获得小行星中心的永久编号，14 226颗小行星被命名。这其中部分较大的主带小行星和柯伊伯带天体，按照国际天文学联合会第26届代表大会通过的关于太阳系行星的新定义，被划为矮行星。

　　思考2：为什么谷神星能够由小行星的"领头羊"升为矮行星？

小行星的临时编号

A B C D E F G H J K L M N O P Q R S T U V W X Y
一月 二月 三月 四月 五月 六月 七月 八月 九月 十月 十一月 十二月

1992 QB₁ → 2+25×N(N=1)=27

A B C D E F G H J K L M N O P Q R S T U V W X Y Z
（提1到25为一轮）
注：1992 QB，现在的正式小行星编号是（15760）
IAU Minor Planet Center http://cfa-www.harvard.edu/iau/mpc.html

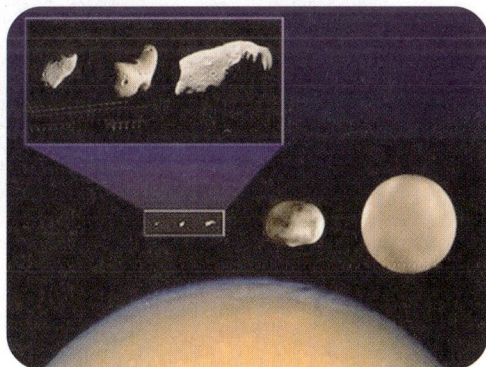

　　小行星的命名权属于发现者。早期，人们喜欢用女神的名字来命名，后来改用人名、地名、花名乃至机构名的首字母缩写词来命名。有些小行星群和小行星特别著名，如脱罗央群、阿波罗群、伊卡鲁斯、爱神星等。

目前，国际上在小行星发现领域的热点，是对近地小行星和远距小行星的探测。近地小行星按照其轨道特点的不同，可分成三类：

1. 阿登型，其轨道长半径小于1.0天文单位；

2. 阿波罗型，其轨道近日距约小于1.0天文单位，平均轨道半径大于1.0天文单位；

3. 阿莫尔型，其近日距大于1.0天文单位，小于1.3天文单位。

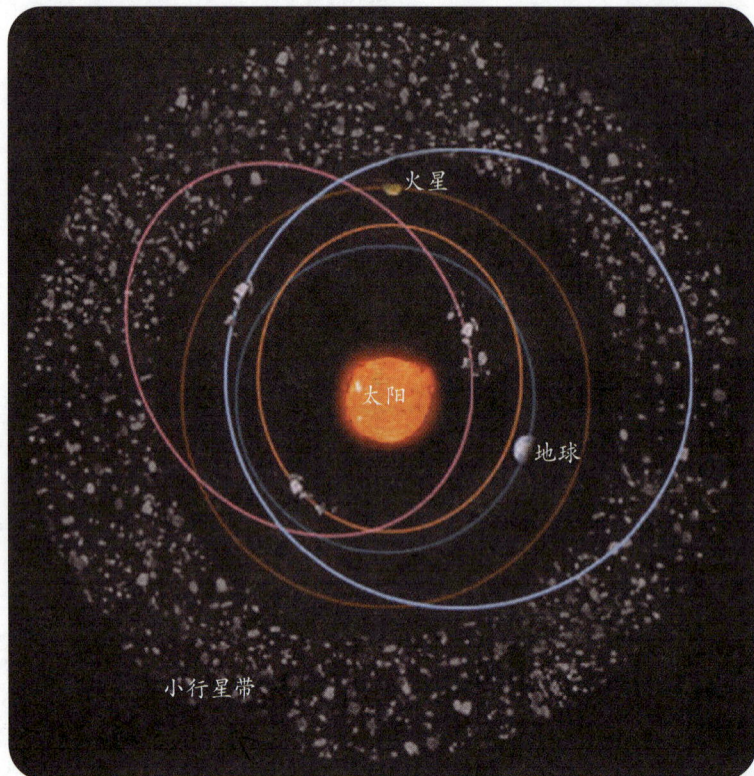

截至2007年11月24日，全世界共发现近地小行星4 251颗（阿登型347颗，阿波罗型2 067颗，阿莫尔型1 837颗），包括潜在危险小行星（轨道与地球轨道的最近距离小于0.05天文单位，且绝对星等亮于22等）810颗；发现的远距小行星1 203颗，其中有1 016颗为海王外天体（TNO），即柯伊伯带天体（KBO）。

实践与思考

活动　观测与发现小行星

活动准备

　　一般来说，小行星比较暗弱，无法用肉眼直接观察到，需要借助望远镜。小行星的亮度也会有变化，每年当其处于冲日位置前后时，亮度最大，最适于观察。因此，观测小行星，一般应选择它运动到冲日位置前后

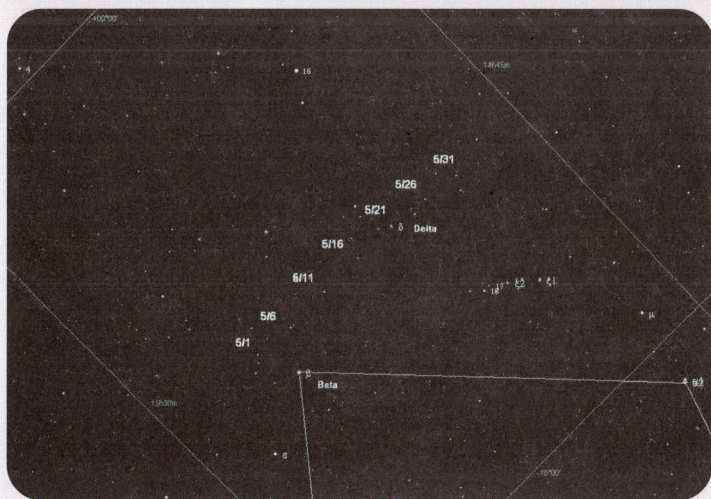

时，即相对于太阳而言，小行星位于地球的另一侧之时。

　　使用小型的望远镜便可以观察到很多冲日的小行星。在观测前，对照小行星的位置数据，在星图上找到小行星所处的位置，然后把望远镜指向对应的天区，在星空中仔细识别，一般如果小行星足够亮，你在望远镜中就一定能够发现它。不过，它的运动没有你想象中的快，你需要连续几天的观察，才能发现它相对于其他恒星位置的明显移动。因此，最好每次观测时都把它的位置在星图中标记下来，经过连续几天的观测后，你就可以发现它的运动了。

思考3：现在的环境下，通过目视还能否发现新的小行星？为什么？

活动步骤

　　你如果有一架运行良好的20厘米以上口径的、装配有CCD的望远镜，在天气晴朗的情况下就可以开始发现之旅了。不过，当然不是直接在望远镜里用肉眼观测。

　　与恒星不同的是，小行星在天空中有独特的移动方式。木星轨道以内的小行星，10~20分钟就可以看出其移动了。这一发现小行星的简单规则从皮亚齐那时开始，一直沿用到今天。因此，我们只需要在和太阳方向相对的天空位置附近找一个地方，每间隔10~20分钟拍照，连续拍上3~5张照片可以了。剩下的事情就是比眼力，看谁能最先在照片上找到移动了的小行星。

　　当然，如果你没有如此巨大的望远镜设备也没有关系。现在，一些国际知名的专业小行星搜寻计划会将其用大望远镜拍摄的星空图片放在网站上，业余爱好者只要能上互联网，就可以自由下载这些数据，并借助一些

踪计划NEAT。

　　NEAT巡天计划由两台大望远镜组成，分别架设在美国夏威夷的毛伊岛和加州的帕洛玛山上。其中，加州的这台望远镜口径为1.2米，且该望远镜成像效果很好，拍摄的图片质量高，适合搜寻目标之用。NEAT公布的拍摄图片均存放在SkyMorph虚拟天文台网站上。拍摄时间从1996年至2003年，总数超过67 000张，绝大多数图片集中在2001年8月至2002年12月期间，文件使用FITS图片格式，照片拍摄的极限星等一般都达到21等。应该注意到，这些图片并不是现时的，都是一些历史图片。但是，如果你真正学会了操作，发现会比较容易，还有几千颗小行星等着大家去发现。

　　大家可以在下载的图片上搜寻目标，再使用软件如Astrometrica（《天文爱好者》有介绍），把这几张图片拼成动画，然后慢慢观察是否有东西在移动。也可以使用轨道计算软件FIND_ORB，计算你发现的目标天体的相关数据。NEAT搜寻的过程比较复杂，可参见《天文爱好者》在2006年的连载文章。

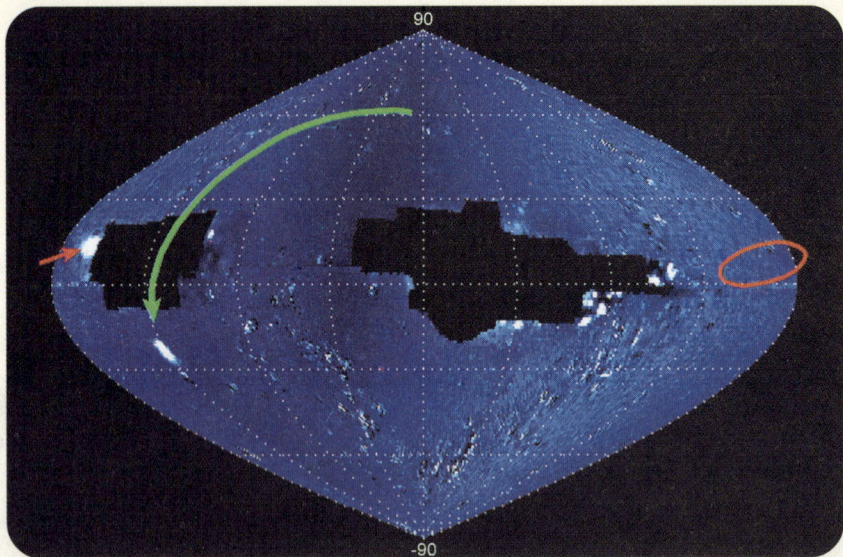

　　如果有所发现，也不要太过惊喜，因为小行星实在是太多了，且国外的专业巡天发现项目也已经运行的十分长久了，你所找到的有所移动的东西也许有不少都是别人已经发现了的。因此，找到一个新目标后，我们应该做的第一步是用软件测量出该小行星的准确位置和亮度。对于普通小行星来说，至少需要有两个晚上的观测数据，它才能获得国际上的临时编

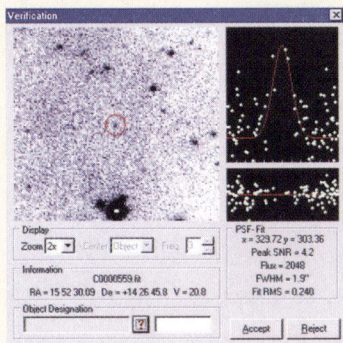

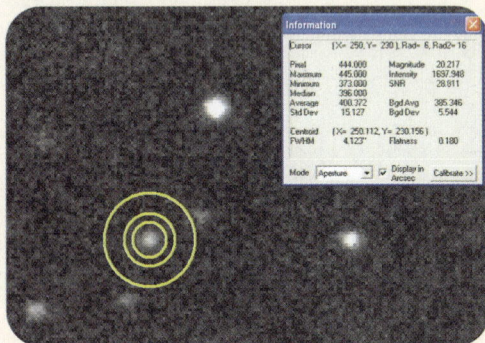

号。我们必须再等一晚，观测到同一目标才可以。由于普通小行星移动得并不迅速，因此第二晚我们能在距离前一天观测点不远的地方找到它。在确认两者是同一目标之后，便可以报告给国际天文联合会的小行星中心。

思考4：如果对小行星中心不熟悉，是否有其他的报告途径？

活动提示

搜索并最终发现NEAT小行星的最大乐趣在于不断地学习，如果一个个学习难关都被你突破了，那么你想不发现也难！为了能更好地理解并学会灵活运用相关知识，你最好能有较多的业余支配时间及一定的英文基础。近年来，国际上参与NEAT小行星搜索的人开始增多，竞争程度有所提高，你如果决定参与进去，就需要抓紧时间！

检测与评估

❶ 根据《天文爱好者》每期的小行星掩星预报进行观测。

❷ 熟悉寻找小行星软件Astrometrica和小行星轨道计算软件FIND_ORB，并用后者来计算你所发现的目标天体的数据。

资料与信息

❶ 天文爱好者［J］. 2006（10）.

❷ National Aeronautics And Space Administration：http://www.nasa.gov

提示与答案

阅读与思考

思考1：略。

思考2：略。

实践与思考

思考3：略。

思考4：略。

检测与评估

① 略。

② 提示：可从2006年《天文爱好者》的连载文章中去寻找相关信息。

唉，完了，完了——我的朋友们呵，我不再是该娅的兄弟！过去气概万千，而今却被搁置一边；我不再是祸福的根由，那神奇的幻觉已永远消失，我已经麻木。但这也不坏，因为在我被冷落后，人们获得了许多真知灼见，虽然无人知道它来得多么辛酸！

一、冥王星的归属

2006年8月24日国际天文学联合会大会认定：冥王星是太阳系的一颗矮行星，不再是大行星。

冥王星刚被发现之时，它的体积被认为有地球的数倍之大。很快，冥王星被作为太阳系的第九大行星写入教科书。但是随着时间的推移和天文观测仪器的不断升级，人们发现当时的估计是一个重大"失误"，因为它的体积要远远小于当初的估计。此外，冥王星的行星身份也成为天文学家们长期争论的焦点，这也是因为一直以来对行星没有一个具体明确的定义。尤其是自1992年首次发现"柯伊伯带"（Kuiper Belt）天体以来，更多的天文发现加剧了人们对冥王星行星资格的争论。

　　进入21世纪，天文望远镜技术不断改进，人们能够对海王外天体有更为深入的了解。2002年，命名为50000 Quaoar（夸欧尔）的小行星被发现，这个小行星的直径（1 280千米）要长于冥王星的直径的一半。2004年，被命名为90377 Sedna（赛德娜）的小行星的最大直径达到了1 800千米，而冥王星的赤道直径为2 240千米。2005年7月9日，一颗新发现的海王外天体被正式命名为Eris（厄里斯，一译阋神星）。根据厄里斯的亮度和反照率推断，它要比冥王星略大，这是1846年发现海王星之后，在太阳系中发现的最大天体。尽管当初并没有与官方达成共识，但它的发现者和众多媒体起初都将其称为"第十大行星"。有天文学家认为，厄里斯的发现为重新考虑冥王星的行星地位提供了有力的证据。就连冥王星的显著特征——它的卫星和大气，也并不是独一无二的，海王外天体带中的一些小行星也有自己的卫星。而且，厄里斯的光谱分析也显示，它和冥王星有着相似的地表。此外，厄里斯有一个较大的卫星Dysnomia（迪丝诺美亚）。

"Xena"
(2003UB313)

卡戎
(Charon)

冥王星
(Pluto)

2005FY9

2003EL61

赛德娜
(Sedna)

夸欧尔
(Quaoar)

因此，国际天文学联合会不得不重新对行星作出定义。称为行星（planet）的天体要符合三个主要条件：（1）围绕一颗恒星运动；（2）具有足够的质量使得自引力可以抗衡刚性力，进而呈现流体静力学平衡（近似球形）的形状；（3）具有足够的引力清除其轨道附近区域的天体。

由于不符合上述第三条标准，冥王星被归入矮行星（dwarf planet）之列，而且它可以作为尚未命名的一类海王外天体的代表。

二、冥王星的发现历程

那么冥王星到底是什么样的神秘天体呢？它的身世如何？

过去，在行星中离太阳最远、质量最小的要数冥王星。它在远离太阳59亿千米（平均轨道半径）寒冷阴暗的太空中蹒跚前行，这一情形和罗马神话中住在阴森森的地下宫殿里的冥王普路同非常相似。因此，人们称其为普路同（Pluto，希腊名为哈得斯）。在天文学中，普路同英文名字的前两个字母，又是对冥王星的发现有推动之功的美国天文学家洛韦尔（Percival Lowell）的缩写。

神话中的普路同　　　　　洛韦尔天文台　　　　　　冥王星及其卫星

冥王星是最晚发现的一颗"行星"，和天王星、海王星的发现相比，冥王星的发现可以算得上是"好事多磨"。冥王星的亮度很弱，只有15等，即使在用大望远镜拍摄的照片上，它和天空中普通的恒星也没有什么差别。要想在几十万颗星星中找到它，好比大海捞针。

在寻找冥王星的过程中，天文爱好者出身的美国天文学家洛韦尔详细计算了这颗未知行星在天空中的可能位置，并用望远镜仔细寻找，付出了十多年的心血。

1925年，洛韦尔的兄弟向洛韦尔天文台捐献了一架口径32.5厘米的大视场照相望远镜，性能极好，为洛韦尔继续搜寻新行星提供了优越的条件。

1929年，洛韦尔邀请汤博加入搜索未知行星的行列。他们在各天区中进行逐一搜索，拍摄了大量底片，并细心检查每张底片，工作艰苦、乏味。1930年1月21日，汤博终于在双子星座的底片中发现了这颗新行星，并将其命名为冥王星。

汤博在观测

观测用望远镜

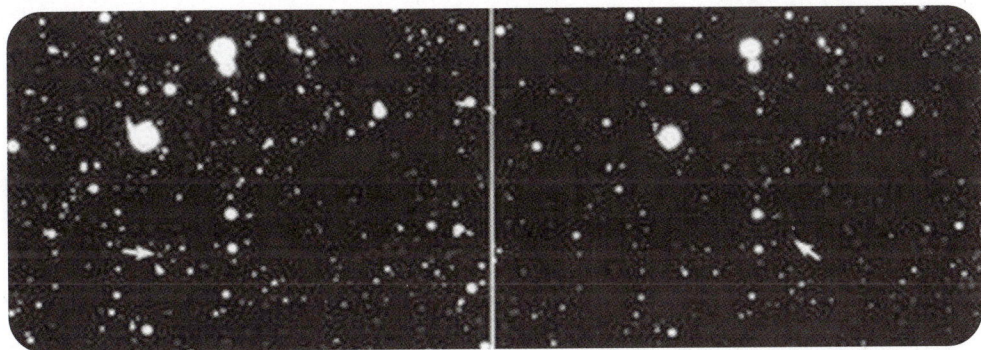

发现时的两张做对比用的底片

冥王星在发现之初，曾被认为是一颗位于海王星轨道之外的行星，但后来的事实证明并非完全如此。在1979年1月21日至1999年3月14日的这段时间里，冥王星比海王星更靠近太阳。这是由于冥王星轨道的偏心率、轨道面与黄道面的倾角比其他行星都大，冥王星在近日点附近时比海王星离太阳更近，这使得海王星成了这段时间中离太阳最远的行星。

冥王星的发现到现在为止只有70余年，人们对其观测研究的时间并不太

长，再加上它离地球较远，体积又小，是目前面目朦胧的一颗行星。20世纪是探测太阳系的黄金时代，"九大行星"中除地球被深入探测外，另外7颗行星也都被探测过，只有冥王星是从未涉足的。在各种天文书刊中给出的行星参数表上，冥王星一栏留下的空白最多，即便被列出数据的，有不少也被打上问号，表示不确定或不精确。

除一大串参数是未知数之外，人们对冥王星的身份也有怀疑。冥王星的直径、质量是行星中最小的，平均密度为0.9克/厘米^3，星体反照率为0.15，这同外行星的几颗大卫星很相似。但不管它是什么身份，作为太阳系遥远边界上的一个天体，它对天文学家有着很大的吸引力。

2006年1月，空间探测器"新地平线"号发射成功，预计2015年可以到达冥王星进行观测。在不久的将来，随着探测技术的进一步发展，冥王星将成为天文学的热门研究对象。

PLUTO NOT YET EXPLORED 29 USA

实践与思考

活动 1 谁是最远的"行星"

活动准备

平板、铁钉或图钉、细线、铅笔、剪子、直尺、白纸。

活动步骤

❶ 取一根细线，将其两端系在一起。

❷ 用4颗铁钉将白纸固定在平板上。

❸ 在纸上使用直尺画一条十余厘米长的直线，在直线的两端各钉一颗小铁订。

❹ 把用细线做的环挂在步骤3所述的两颗铁钉上。

❺ 将铅笔尖对着线环内，用铅笔拉紧细线，沿细线内侧在纸上画一个大的椭圆。

❻ 再取一条比上一条短一些的细线做成线环。

❼ 缩小纸上两颗铁订的距离，重复步骤4、5。画一个小椭圆，但必须使它与原先的大椭圆相交。

结果：纸上有两个交叉的椭圆。

原理分析：行星的轨道均为椭圆形，而冥王星与海王星的轨道有交叉，在某一时期，冥王星会进入海王星轨道内，这时海王星就会成为真正意义上的太阳系内距太阳最远的行星（1989年时便有这一现象）。

通过这一实验，也能使我们对冥王星降级的原因也有更多的认识。

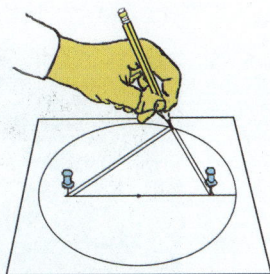

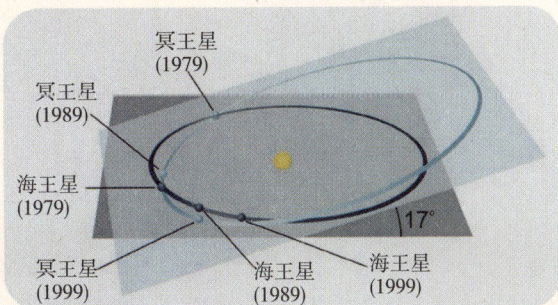

冥王星
(1979)

冥王星
(1989)

海王星
(1979)

冥王星
(1999)

海王星
(1989)

海王星
(1999)

17°

思考: 其他行星的轨道之间有相交的现象吗?

活动 **2** 天文戏剧之冥王星降级

活动准备

说起天文戏剧, 不得不提到一个著名人物, 他就是世界著名的戏剧大师, 德国表现主义戏剧大师布莱希特。他的主要剧作包括《圆头党和尖头党》《第三帝国的恐怖与灾难》《卡拉尔大娘的枪》《伽利略传》《大胆妈妈和她的孩子们》《四川好人》《潘蒂拉老爷和他的男仆马狄》以及改编的舞台剧《在第二次世界大战中的帅克》《高加索灰阑记》等。他研究过中国戏剧, 有着杰出的创作能力, 能把一些表面上不相通的戏剧元素相结合, 转变成他自己的作品。

布莱希特

...der Sieg der Vernunft kann nur der Sieg der Vernünftigen sein...

bertolt
brecht
1898·1956

70
DDR

《伽利略传》以及德国纪念邮票

活动准备

《伽利略传》是已知的第一部以天文历史人物为题材的戏剧，它的出现开创了天文戏剧的先河。

活动任务

天文戏剧对于我们来说比较陌生，是一个比较新的天文科普领域，但中国已进行了不少探索性的尝试，在此仅举一例，以便大家照此开展此项独特的活动。

2006年，青岛宁安路小学创作了课本剧：《行星家族的风波》，讲的就是冥王星"降级"事件。

主要人物：小宇及他的父母

剧情分四幕：

第一幕：小宇和同学听广播，知道冥王星"降级"了，大家开始讨论该不该降级。

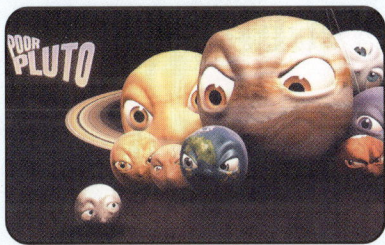

第二幕：小宇回家后和父亲谈到了该事件，父亲让他查查资料，晚上，小宇读着书慢慢进入星乡（睡着了）。

第三幕：小宇与行星们对话，讨论冥王星"降级"的事情。

第四幕：醒来的小宇和父母叙说梦中的经过以及最后的认知，父亲支持小宇把所查到的冥王星的资料讲给同学们听。最后，小宇全家一起仰望星空。（音乐响起）

根据以上叙述，大家一定可以编排自己的冥王星"降级"故事了。

检测与评估

❶ 编写一部以冥王星"降级"为主题的戏剧。

❷ 现在已知的比冥王星大的行星卫星有哪些?

❸ 了解一下汤博是怎样从爱好者走向专业天文学家的。

资料与信息

❶ 天文爱好者［J］. 2007（2）.
❷ 卞毓麟. 追星［M］. 上海:上海文化出版社,2007.

提示与答案

实践与思考

思考:略。

检测与评估

❶ 略。

❷ 太阳系中有七颗卫星比冥王星大(月球、木星的四颗伽利略卫星、土卫六和海卫一)。

❸ 提示:(见下图)

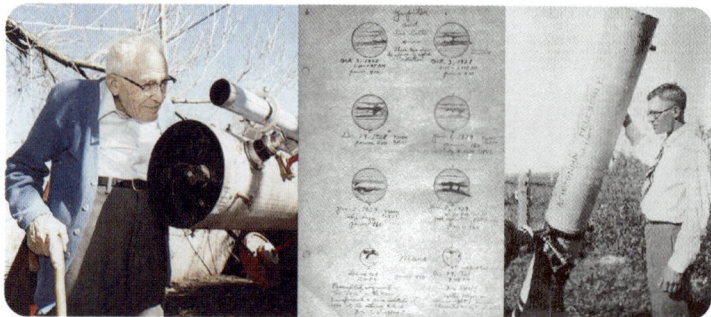